中公文庫

フルトヴェングラーかカラヤンか

ヴェルナー・テーリヒェン
高 辻 知 義 訳

中央公論新社

目次

フルトヴェングラーかカラヤンか

クリスタへ

日本語版によせて

ベルリン・フィルの幹事の一人に選ばれた私の初仕事の一つは、一九五七年、ヘルベルト・フォン・カラヤンにひきいられたこのオーケストラの最初の日本演奏旅行の準備をし、やりとげることだった。なるほど私たちは演奏旅行には慣れていたし、それまで多くの国に登場して成功を収めてはいた。しかし、この日本旅行は私たちのオーケストラの歴史に新しいページを開いたのだ。

第一回と第二回の日本旅行で私たちは寒冷な北の仙台から、温暖な南日本まで数多くの都市を訪れた。そしてたくさんの人に、私たちの音楽行為《ムジツィーレン》のありようをよく知ってもらおうと思った。テレヴィジョンとレコードははるかに広汎な聴衆・観客をとらえるけれども、そもそも音楽は人と人との触れ合いを作り出そうとするもので、ただ単に完璧なできばえに眼を見張るだけではなく、感情と感動のさまざまな世界も啓示されねばなるまい。「心の奥底」まで届かねばならない感激は身近にいてこそ伝わるものだ。作曲家は、人々が集《つど》い、楽器が鳴り響き、歌の声と歌詞とがともにいる人々の琴線に触れることのできる演奏会場のような空間を思い描いて音楽を書くのである。

日本の聴衆はそのような触れ合いがどれほど大事か、よく分かっている。彼らは私たちの演奏会が始まる二時間も前から客席に腰をおろして、落ち着きはらって気分を整えようとしていた。それは私がいくども眼を見張った光景だった。それと言うのも、私たちはホールの音響をテストするために、短いリハーサルをやろうと思っていたからだ。それは結局あきらめねばならなかったが、そのかわり、私たちもたがいに相手のありようを尊重するという格別な雰囲気のとりこにすぐさまなった。

ベルリン・フィルの日本演奏旅行はその後間隔がしだいにせばまっていったが、そのかわり、訪問する都市の数はどんどん減少し、最後には東京と大阪しか訪れなくなってしまった。私たちとしては、この文化交換の事業に引き入れる人間の数をふやしていきたかったのだが、聴衆の範囲はどんどんせばまった。私たちの側にしても、もはやそれほど日本へ携えて行くことはなくなった。演奏旅行のプログラムはかなりマンネリズムに陥っていたからである。とどのつまりは、私たちの側から単に何かを携えて行って贈物をするというだけではいけないのではないか（日本側は、招く側と招かれる側の双方がたがいに与え合うという体験を新たに味わわせてくれた）、日本側からしだいにゆたかに与えられる贈物を受け取り、持ち帰ることも大事ではないかと感じるようになった。私たち楽員は初めそのことにほとんど気がつかなかったが、演奏会の主催者は、現代社会ではどんなことが肝心かにすぐに気がついていたのだった。

この本で私はフルトヴェングラーとカラヤンを対比してみたが、そのことは、私たちが音楽を愛し、何としても芸術を相手に伝えたいと思うか、それとも、素晴らしい「商品」を「売って」どんどんその売り上げの記録を更新していくかということに関る点が多い。

このような傾向がごく少数の人々のビジネス第一のメンタリティに責任があり、私たちはそれにいきどおるべきだ、などと私は思わない。このようななりゆきは私たちすべてが招いたのである。残念なことに、私たちがおたがいに「何を」与え合うかということの比重がしだいに軽くなり、かわって、権力と地位と富とを手に入れるために、「どのように」動き回るかに重点がおかれるようになってきた。

日本への最初の頃の演奏旅行や、また打楽器奏者として行った教育活動を回顧するのは実に楽しい。そして、利益を追求する連中がしだいにのさばってくる中で、芸術と生活がその犠牲になってはならないという点は、日本の友人と私の気持が一致する点である。

本書で、カラヤンの時代が終わったとき、ベルリン・フィルの未来がどうなるか、私は考えてみた。ところが、私がそこで訴え、さしあたってはごく小さな範囲の人々にだけ関係すると思われた問題が、実は他の職業でも、また他の国々でも同じように存在していることにやがて気づかされた。私たちみなを動かしているのは同じ願いであり、同じ心配なのだ。

芸術と音楽に私たちが心をひそめるとき、人間と自然がもつさまざまな価値を維持し、保護すること、責任を自覚して創造にいそしむことの大事さが痛感される。世間一般が成長よ、進歩よとはやしたてる傾向をすてて心の内面に眼を向けることが差し迫って必要であるように思われる。

私自身、民主的な手続の投票でカラヤンをフルトヴェングラーの後継者に選び、そして彼のものでもあり、また私たちのものでもあった数々の成功の恩恵に浴してきた。カラヤンは現代社会を体現する申し子である。だが、この世の中がこのまま変わらずにいることはないだろう。フルトヴェングラーは私たちに警告を発していた。いま、フルトヴェングラーのことをふり返り、考え直してみることでより良い未来への道が示されはしないだろうか？

ヴェルナー・テーリヒェン

まえがき

　ティンパニーの響き。それを聞けばただちに雷鳴、大騒動、轟音、騒乱を思いうかべない人がいようか。音楽通なら例のハイドンの交響曲を思い出すかも知れない。あたりが静まりかえったところで、ティンパニーの一発がまどろんでいた聴衆の目を覚ますという曲だ。それとも、演奏会場狭しと荒れくるう嵐の音楽をあれこれと思い起こす人もいよう。二、三世紀前の絶対君主は、彼らの登場におごそかな雰囲気を賦与するティンパニーの威風堂々たる響きを愛したものだった。

　ティンパニー奏者の能力は音楽にアクセントをつける点に発揮される。オーケストラの仲間を見下ろし、指揮者と向かい合った一段と高いその位置は聴衆の注意を集めずにはいない。彼の演奏はリズムと拍節を支配し、彼の演ずる曲芸じみた離れ業は人の目をひきつける。

　しかし、この本の中で聞かれるのは、むしろ穏やかなティンパニーの響きである。だが、それは大音声の連打よりも、さまざまの感情や緊張にもっと鋭く立ち入って描き出して見せる。ベルリン・フィルハルモニーのソロ・ティンパニー奏者を三十五年にわたって勤めてきたヴェルナー・テーリヒェンが日頃、演奏し、また聞き、心に留めてきた多種多様な響きがそれである。

テーリヒェンはフィルハルモニーの前の首席指揮者ヴィルヘルム・フルトヴェングラーと現在の首席であるヘルベルト・フォン・カラヤンの下でティンパニーを叩いてきた。ティンパニー奏者としての音楽的体験、そこから得られる芸術上の収穫、オーケストラ生活における日常的経験、そういったものが彼の性格をつちかい、彼にいろいろの思考の種子を与えてきた。作曲家でもある彼の作品と、彼の教育活動もこれらの経験からいくたの刺激を得てきた。

三十五年にわたる第一ティンパニー奏者の活動を終えてテーリヒェンは目出たくベルリン・フィルを去ったが、職業上も、また個人的にも依然として緊密な関係は保たれている。だが、退団は一つのチャンスとなった。いまこそ、テーリヒェンはすこし離れた立場から自分のもろもろの考えをまとめ、世に問うことができることになった。この本の内容がまさにそれであって、トップ・オーケストラの内幕の報告、その栄光と危機の思い出、つねに全体に目を配ってきた音楽の体験がここに語られている。ベルリンのこのエリート・オーケストラをヴェルナー・テーリヒェンほどに識《し》る人はまことに数少ない。

中心となるのは、二人の首席指揮者、フルトヴェングラーとカラヤンについての音楽家テーリヒェンの芸術的体験である。テーリヒェンは読者をいわばオーケストラのまっただ中に引き入れて、最近数十年における最高の二人の指揮者の下で音楽する《ムジツィーレン》とはどういうことか、つぶさに経験させるのだ。このように内側から音楽の制作を体験し、ベルリンのフィルハルモニー会場の例えばB群の7列で通常の演奏会の聴衆が受けるのを、はるかに超えた広い洞察を与えられることは、何とも心楽しいことではないか。あの有名なフルトヴェングラーのアウフタクトでは、純粋に音楽的にどういうことが起こり、楽員一人一人の心理の中では何が起こるのか、そのすべてをこれほどまでに印象深く、かつ音楽の本質から描写した人間はおそらくいまい。フルトヴェングラーが楽員たちと協同作業を行い、まさに音楽の中に生きていたさまをこの本で読んだ人には、古いフルトヴェングラーの録音がまったく別の耳で聞こえてくることだろう。

　テーリヒェンはフルトヴェングラーとカラヤンに二種の極端に相対する音楽行為《ムジツィーレン》のありかた、二人の天才指揮者の相反する姿勢を見て取ってそれを描き出す。そもそも、指揮とはどのような行為を言うのだろうか。音楽の創造者つまり作曲家の精神で再創造すること、言葉をかえれば、創造という自分自身の体験を背景にして芸術作品を解釈し、体験することだろうか。それとも、楽譜をそれが書かれてあるとおりに鳴らすこと、つまり、総譜というかたちに客観化されている音楽それ自身にその真価を発揮させることだろうか。

　テーリヒェンは、フルトヴェングラーかカラヤンか、と言っている。彼はまた名を挙げずに、音楽を新たに創造するか、音楽自身に演じさせるか、と書くこともできたはずである。見出しふうに書けば「芸術家か、統率者《リーダー》か」とも。

統率者という人間は歴史上私たちの日常のすべての分野を決定してきた。彼の切り札は卓越した技倆と統率力である。カラヤンは単なる音楽の領域をはるかに超えた多彩な能力によってまさに、この統率者というタイプの体現である。いや、今では音楽制作という分野でその象徴にすらなっている。それに対し、フルトヴェングラーはと言えば徹頭徹尾昨日の人間である。観念論者、感情人間、夢想家だ。ところがその彼の生誕百年を迎えた今日、それもまさに若い人々のあいだに再び尊敬をかちえている。技術万能の風潮に反抗する彼の態度が今日に迎えられるのだろうか。行き詰まった現代への新しい解答として。

その答はさておき、テーリヒェンは、フルトヴェングラーとカラヤンが、どうしても綜合することのできない二つの極を音楽の分野で表していることを明らかにする。だから、フルトヴェングラーかカラヤンか、という二者択一の標題は、今日、カラヤン時代の終りを迎えてベルリン・フィルの未来に思いを馳せるとき、ことのほか興味深いわけだ。

一八八六年生まれのヴィルヘルム・フルトヴェングラーは、その出身も教養もまったく十九世紀の伝統に根ざしていた。父は考古学者で人文主義者でもあった――息子は環境に即した教育を授けられたが、その音楽の分野は作曲家マックス・フォン・シリングス（一八六八―一九三三）と指揮者フェーリクス・モットル（一八五六―一九一一）が決定的影響を及ぼした。才能に恵まれたフルトヴェングラーは若いときから作曲と演奏の二つの道の選択に迷っていたが、ついに歌劇場指揮者の経歴を選んだ。ミュンヒェンとシュトラースブルクの歌劇場が彼のスタート台となった。一九一一年からはリューベックで歌劇ばかりでなく、市の楽友協会の演奏会も指揮した。一九一五年から一九二〇年にかけ、彼はマンハイムで大指揮者に成長をとげた。三十歳台半ばを迎えたフルトヴェングラーには、ベルリン国立歌劇場管弦楽団、フランクフルトの博物館演奏会、ヴィーンの楽友協会の指揮台が提供されていた。一九二二年、彼は死去したアルトゥール・ニキシュの後継者の地位をベルリンとライプツィヒで継いだ。一九二五年には初めての招待がニューヨークから届き、一九二七年からはヴィーン・フィルの首席の地位も引き受けた。バイロイトへの初登場は一九三一年で、一九三六年にはバイロイトの首席指揮者となったが、それ以外の歌劇の活動はベルリンの国立歌劇場に限られていた。

一九三四年から三五年にかけ、政権奪取早々のナチ政府に対しフルトヴェングラーは激しく対立する立場にあった。ただし、ナチスと縁を切って外国へ亡命する気はなかった。自分がドイツの伝統に深く根を下ろしていると感じていたフルトヴェングラーは、傑出した芸術家である自分なら犯罪者的なナチスに対して抵抗を貫くことができるという幻想を信じていた。そして、一九四四年になって彼はスイスに去る。戦後、一九四七年にフルトヴェングラーは形式的な非ナチ化の処置を受けたあと、ようやくドイツでの音楽活動ができるようになった。ベルリンでの、フィルハルモニーとの再会は感動的な音楽の祝典となった。一九五二年、ベルリン・フィルは彼を更めて首席指揮者に選んだが、早くも一九五四年十一月三十日に死去した。

一九〇八年、オーストリアのザルツブルク生まれのヘルベルト・フォン・カラヤンは三十歳のとき、初めてベルリン・フィルの指揮台に登場した。彼は指揮者の職業を南ドイツのウルムで下積みから叩き上げて身につけ、そのあとアーヘンの首席指揮者になり、一九三八年にベルリンのウンター・デン・リンデン大通りにある国立歌劇場の指揮者となった。戦後、彼はまずヴィーンで、まもなくまたロンドンとミラーノで活動し、一九五五年にベルリン・フィルの終身首席指揮者に選ばれた。一年後、それに加えて、一九六四年まで、ヴィーン国立歌劇場の総監督も引き受けた。カラヤンはベルリン・フィルとの活動を通常の演奏会の枠を超え、レコード録音からヴィデオやテレヴィジョンのための録画へとつねに拡大し続けた。夏のザルツブルク祝祭への登場は、手兵ベルリン・フィルを率いた彼自身のザルツブルク祝祭となり、一九六七年からは歌劇上演とオーケストラ演奏会とからなる春の復活祭祝祭ができた。一九七三年にはこれに、やはりザルツブルクでの聖霊降臨祭の演奏会も加わったので、クリスマスを家族と過ごすならわしのベルリン・フィルの団員にとって、祝祭日のベルリンの唯一の演奏会は大晦日《ジルヴェスタ》の演奏会を余すだけとなった。さらに、演奏活動を補い、後進を育成するためにカラヤンは、一九六九年にヘルベルト・フォン・カラヤン財団を設立したが、この組織は以後、二年のサイクルで指揮者コンクールを催しているほか、一九七二年に設立され、若いオーケストラ楽員の養成を行う、ベルリン・フィルのオーケストラ・アカデミーの母体でもある。

ヴェルナー・テーリヒェンは一九四八年以降、ベルリン・フィルのあらゆる活動分野にわたって説得力のある発言権をもち、重要な役割を演じてきたが、むろん、ティンパニーのソロ奏者としての活動が先頭に来ることは言うまでもない。一九五七年、彼は同僚の信頼を得て二名の幹事の一人に選出され、九年にわたって――以下に読まれるように――いくつかの困難な課題の処理にあたった。一九八四年からはヘルベルト・フォン・カラヤン財団のいくつかの役職も占めたが、なかでも指揮者コンクールに努力を傾注した。

これらテーリヒェンのすべての活動も、その対極にある彼の作曲を抜きにしては考えられない。すでに少年時代に最初の音楽の師から即興演奏による創造の喜びを教えられ、励まされていたが、ベルリン音楽大学に在学中は楽器演奏の諸科目とならんで作曲法と指揮法にもエネルギーを注いだ。十八歳になるかならぬかの頃、最初の作品のいくつかを自ら独奏者を勤めてラジオで上演したテーリヒェンは、戦時中とそれに続く捕虜収容所時代にも作曲を続けられる幸運に浴した。一九四〇年代末から彼は多数の作品を書いている。歌劇、管弦楽曲、器楽協奏曲――その中でも『ティンパニー協奏曲』作品三四を挙げるべきだろう――、声楽曲に室内楽曲もある。一九六〇年には「ベルリン芸術賞」(「若い世代」

を、四年後にはデュッセルドルフ市の「ローベルト・シューマン奨励賞」を受けた。一九八六年からは「パーカッシヴ・アート・ソサイエティ」のドイツ支部長でもある。

以上見てきたように、作曲家、指揮者、ティンパニー奏者であり、オーケストラ楽員であるヴェルナー・テーリヒェンはその多岐にわたる活動から、この本を書く刺激を受け取ったのだろう。この魅力的な書物はインサイダーの報告として、私たちの知らなかった情報を教えてくれるが、その説得力は率直さ、繊細さ、批評の精確さから生まれるのである。

マックス・ブッシュ

はじめに

カラヤン時代は終りを告げようとしている。新しい時代がいずれ始まるだろうが、今こそ、ベルリン・フィルハルモニッシェス・オルケステルの過去を背景としてその未来を考えてみる時期である。ヘルベルト・フォン・カラヤンの後継者が選ばれるについてはどのような見通し、利害、そして期待が決定力を持つのだろうか。新しい世代のベルリン・フィルにはどのような人物の指揮者を望んだらいいのだろうか。継承するにはカラヤンの路線がいいのか、それともフルトヴェングラーのそれか。

ベルリン・フィルは従来から独占的とでも言うべき特権を享受している。それはオーケストラとして望み得る最上の指揮者をいつも首席に迎えていたことであり、さらに客演指揮者たちも傑出した人材だったことである。とにかく、このオーケストラに君臨するのは国際的にも最高の名声をそなえた指揮者で、それぞれの時代のオーケストラの理想に最も適合する人物だったのである。

このことは異常なほどの幸運だろうか、それとも楽員たちの民主的な共同責任と共同発言権がこうして実証されているのだろうか。いや、むしろオーケストラが指揮者を偉大に育て上げたのだろうか。この楽団の百年の歴史はこの数年こと細かに記憶を掘り起こされているが、今日、ベルリン・フィルの名はカラヤンの名を考え合わすことなく呼ばれることはまずないだろう。だがこのスター指揮者が輝けば輝くほど、それに劣らずヴィルヘルム・フルトヴェングラーの名も引き合いに出されることは、何もその生誕百年の晴れ晴れしい機会に限るまい。ここで私は、まったく性格の異なる二人の人物を自分の体験に基づいてまざまざと描き出してみたい。カラヤンとの出会いはごく最近のことのようだが、三十年も仕事は続いていて、私には何の違和感もない。だが、フルトヴェングラーの下での体験もそれに劣らず生々しい。彼が亡くなって三十年以上もたっているのだが。

数多くの人が、フルトヴェングラーの「自己を押し出そうとする勇気」を際立たせて書いている。だが、自分の解釈と自己表現とを前面に押し立てようという彼の勇気は、指揮者ならば特別なことではあるまい。誰しも自分の考えと人格を音楽行為の中心に置こうとするのではあるまいか。フルトヴェングラーの場合、それは勇気の問題ではなかったのかも知れない。この人物の魅力を形成していたのはむしろ常識を超えた何かなのだった。カラヤンの魅力はまた別種のものだが、フルトヴェングラーのそれにわずかでも引けをとることはない。「カラヤンという奇跡」はいついつまでも人の口にのぼる。だから、彼らにまつわる神話とも私は関り合わねばならないだろう。

指揮者とオーケストラの関係はしばしば結婚生活になぞらえられる。結婚のありようが千差万別であることをよく考えてみるなら、この比較はあながち退けるべきではあるまい。ベルリン・フィルという大家族の三十五年来の一員である私は、この一家がどれほど敏感に反応し、ときには感情の激発まで起こすかを承知している。ごく日常的と思える出来事のために癇癪玉が破裂することもあるのだ。それでなくとも芸術家は誇張に傾くものだが、個人的な事情も原因になっているかも知れない。仕事を精密にし、感情の調子を合わせ、聴覚も視覚も一致させようとする点できわめて多岐にわたってお互いに依存し合わねばならないオーケストラという共同体の中で論争が起これば、お互いを避け合うことの可能な家族のうちわとは別の結果が生じて当然だが、私たちの「家族生活」が主にホールの壇上で、聴衆の面前で営まれるだけにそれはなおさらのことである。だから、外部の人間がベルリン・フィルとその指揮者について学のある分析をしてくれても、私は満足しない。それは隠れた緊張関係をつかむことができないせいだ。私自身でも、仮にそう望んだとしても、この共同体を客観的に描写することなぞ不可能なこともはっきりしている。誰だって自分の家族について価値判断ぬきで語ることはできない。ことに、このオーケストラのような共同体で、相互のつながりをきわめて密に感じている場合はなおさらである。

自身の体験は体験として、またしばしば意見の対立はあったが、この共同体の中で私はいちどもアウトサイダーではなかった。大体において私が行った評価は大方の穏健な判断の範囲を超えなかったから、私の体験と観察からこのオーケストラとその指揮者のおかれた全体状況について、現実とそれほど食い違わない洞察を伝えることができると私は考える。

この本の構想にあたって忠告してくれた友人たちと妻に感謝したい。

ヴィルヘルム・フルトヴェングラー

第二次大戦が終り、捕虜収容所から釈放された私は、大学で二学期神学を勉強したあとハンブルクの国立フィルハルモニーを経由してベルリンの国立歌劇場管弦楽団に就職した。国立歌劇場は当時フリードリヒ・シュトラーセ駅のそばのアドミラルパラスト・ホールで公演を行っていた。私は数々の素晴らしい上演を思い浮かべることができるが、一九四七年暮れの『トリスタンとイゾルデ』の稽古は比べるものがなかった。指揮台にはヴィルヘルム・フルトヴェングラーがいた。彼との最初の出会いがこれだった。

国立歌劇場の年長の同僚は、フルトヴェングラーがフィルハルモニーの演奏会を引き受ける前からすでに指揮していた国立歌劇場管弦楽団のシンフォニー演奏会と歌劇上演を通じて彼を知っていた。戦中戦後の混乱による永い不在のあと初めて稽古に現れるフルトヴェングラーを、同僚たちはおごそかな気分で待ち受けた。

そのとき彼が振り下ろしたタクトの最初の一振りを私は忘れることがないだろう。前奏曲は斉奏チェロのアウフタクトで始まる。フルトヴェングラーはその右手をきわめてゆっくりと沈めていった。私はかたずを呑んだ。こんな指図ではどうやって弾き始めたらいいのか。私は待ち受けた——そして、無のまっただなかから忽然として、限りなく充実して温かい、よく透るチェロの音が展開した瞬間がいつだったのか分からなかった。そしてそのあと、音楽がしだいに組み上げられ、たかまっていく。前奏曲の頂点で私はティンパニーで二小節をクレッシェンドーしながらトレモロで叩かねばならなかった。その二小節があんなにも永くなり得るとは予想もしていなかった。解放の下降が始まる瞬間がどれほど待ち遠しかったことだろう。絶頂を際立たせる和音の響きは私たちに襲いかかったが、その衝撃は単に音の強さだけでは説明できないものだった。フルトヴェングラーは弓なりに身を反らし、自分が呼び起こした大浪のような響きを精一杯受けとめようとするかのようだった。

フルトヴェングラーが指揮するとき、開始の和音をどう揃えるかの問題はどの奏者もよく知っている。しかし、演奏が始まったあとも、フルトヴェングラーがテンポを落として「彼独特の」響きを待ち受けるときも、足並を揃える困難さは決して減じていなかった。クレッシェンドーの二小節の最後で、目安となるオーケストラの他の楽器がまったく聞こえなくなるほど、ティンパニーの音は大きくなる。フルトヴェングラーはついに次の小節の頭を振り下ろした。だがそれは一打で振り下ろすのではなく、準備を促すさまざまの動きを伴っていたので、私も、他の楽員も、全員を合体させる和音の瞬間を自身で感じ取らねばならなくなった。他の楽員ならきまった長さの音を弾けばいいのに、ティンパニー奏者には一打ちのために一秒の数分の一しか与えられていないのだ。集中力は類例のないほどに要求された。

そしてそのような絶頂のあとに下降が始まる。

だが、それは単なる解体とも、音量の減少ともまったく違っていた。むしろその反対であって、それは偉大な体験をじっと手放さずにおこうという、まさに印象的な行為にほかならなかった。彼は何か貴重なものを私たちの眼の前に示そうとするかのように左の掌を開き、総譜にディミヌエンドーが記され、楽器編成がしだいに薄くなっていってもそれをやめなかった。彼はその響きをどうしても手放そうとせず、音量は減らしながらも音楽の密度はむしろたかめていった。すでに鳴り響いた音楽のあとに生じた総休止《ゲネラルパウゼ》の中に、何とおびただしい音楽が知覚されたことか。私はもう息がつけなくなり、肌は汗ばんできたが、それまでいろいろと大オーケストラでの経験がありながら、そんなことは初めて体験するところだった。同僚たちと話して確かめたことだが、彼らも同じような感情から逃れられないようだった。演奏の途中にはそのような密度からはずれる小節は一つとしてないのだった。数時間のヴァーグナーのあと、私はこの上なく幸せな疲労感に浸っていた。何しろ、壮大な事業に参加していたのだから。

強烈な感情のおもむくまま音楽に没頭するフルトヴェングラーは、よくロマンティストに分類される。それがあたっているかどうかは別として、彼のなりふりかまわぬ熱中こそ、あらゆる作品の解釈にあの徹底性を造り出しているのだと私には思える。

フルトヴェングラーが指揮したあとの『トリスタン』公演はゲオルク・ショルティが引き継ぐことになっていた。彼はこの曲の総譜について彼自身が抱いていた考えを実現しようとし、単に「指揮のまね」だけに留めたくなかったので、それに見合うだけの練習を要求していた。前奏曲の冒頭のチェロのアウフタクトのために彼はさらにアウフタクトを振って、楽員すべてが指揮者の促しを受け、その明快な棒さばきに従えば大舟に乗った気持になるように全力を傾注した。

いずれにせよ、ショルティの出すサインはフルトヴェングラーよりはるかに明瞭だったから、誰もが満足できるはずだった。実際、皆は満足したかも知れなかったが、それはショルティの前にフルトヴェングラーが振っていなかったとしての話である。ショルティは他人の刻印の残っているような上演で満足するには余りに個性がはっきりしていた。彼はそれまでに別の解釈を創り出し、この作品に対しても別の関り方を確立していた。しかし楽員たちに、フルトヴェングラー流のヴァーグナー体験から離れる気はさらさらなかった。彼らは体を硬くして、ショルティのサインには嫌々従った。彼は腹を立てて去っていった。そのあとには、当時私たちの知らなかった、東ドイツのゲーラ出身のカルル・フィッシャーという指揮者がとび入りを果たした。彼は三度めの実験を敢行する愚を避け、フルトヴェングラーのまいた種子に花を咲かすことだけに意を用いた。彼はのちに国立歌劇場の指揮者となり、自分の経歴の基礎を固めた。

こういった情況はのちにもベルリン・フィルで出くわしている。著名で卓越した指揮者が上演作品に彼自身の解釈の刻印を捺《お》そうと練習の追加を求めることがあった。だが、いざ公演になってみると、彼らはこのオーケストラはフルトヴェングラーの刻印が強すぎて、他の人間の見解に対しては全然実力を発揮できないことを認めて、諦めざるを得なかった。

ベルリン・フィル加入

一九四七年、フルトヴェングラーがベルリンに戻ってきた。翌年十一月、フルトヴェングラーとチェリビダケという二人の指揮者による英国旅行が、私がベルリン・フィルの団員と行をともにした最初の旅行となった。ベルリン・フィルのティンパニー奏者ローゼが眼を病み、私がエキストラになって彼のパートを引き受けた。本来、私は国立歌劇場管弦楽団にい続ける気だった。当時、音楽大学で指揮法と作曲を勉強しており、単にオーケストラのパート譜だけでなく、総譜を扱うことができるようになるまで在学したいと思っていたのである。しかし、英国旅行が終ったあと、ベルリン・フィルの団員にならないかという誘いがあったとき、このオーケストラのティンパニー奏者の席を措いて、それ以上に自分の勉強になる地位はないことがはっきり分かった。何しろ、それは最高の音楽家たちに次々と向かい合う位置にあるのだ。

　こうして私はフィルハルモニーの団員になった。この決心は、のちにベルリンが東西に分かれ、通貨も別々になり、「壁」が築かれて、その不条理な結果が現れたとき、新しい意味をもつことになった。ベルリン・フィルはベルリンの西で演奏しており、国立歌劇場は東にあった。私は西に住んでいたから、いずれにせよ壁が造られたときに歌劇場の席は失っていただろう。

ティンパニー奏者はときとして大変に多忙になるが、手持無沙汰のばあいの方が多い。指揮者や独奏者、それればかりか、ときとして指揮もする作曲家を十分に研究することができる。私は余り使わない方の太鼓の上に研究のための総譜をおいて、つねにそれを追えるようにしておいた。オーケストラを見下ろし、指揮者と向かい合った、この素晴らしい位置にいると、オーケストラの実地にわたることで私が見逃すものはまずなかった。

　ある日のこと、私はティンパニーに向かって腰かけ、ある客演指揮者の稽古が続いている間、前にひろげた総譜を追い、楽器編成の細部に没頭していた。ふつう、練習は公演に必要なことすべてについて意思の疎通をはかるために行われる。合奏の揃い具合が吟味され、テンポと強弱が決められ、ときとしてピッチが修正されたり、曲の根底にあるはずの作曲者の意図を指揮者が講釈してくれたりするが、曲の響きや造形の究極的な仕上げは実際の演奏の際に取っておかれるので、私はごくくつろいだ気持で総譜に没頭し、演奏を追いかけていればよかった。

突如として音色が一変した。もう全力を投入する本番でもあるかのような温かさと充実が現われた。狐につままれたように私は総譜から眼を上げ、指揮棒の斬新な魔術が奇跡でも起こしたのかと確かめようとしたが、指揮者の身の回りには何一つ変ったことはなかった。次に同僚たちに眼を移すと、彼らは皆ホールの端の扉の方を見ていた。そこにフルトヴェングラーが立っていたのだった。

彼がただそこに立つことだけで、それほどの響きをオーケストラから引き出すことができるのだ。

響きと感動

総譜を隅々までマスターし、指揮棒の技術を身につけることが指揮者という職業の基本である。だが、それだけでは何にもならない。オーケストラにいくら無理強いしても、その内奥にひそんだ何かをたぐり出せるわけではない。才能に物を言わせて優れた成果を達することはできるだろう。だが、フルトヴェングラーの響きはそれ以上のものだった。それは彼の人柄全体から汲み出され、彼自身の感動を伝えるものだった。むろん、そうすることで感性の端々までもその場にいる人すべてにさらけ出すことになる。だが、フルトヴェングラーがなし得たほどに、自分の内実を開いて見せる覚悟があり、かつあれほどまでに多くのものを人に与えたためしがあったろうか。しかも、フルトヴェングラーからは、あの深い感動がその都度新たに感じられたのである。

　世界的大都会にいようと、中都市にいようと、また単なる稽古であろうと、音楽をするにあたって区別はなかった。充実した音の一つ一つが緊張感をはらんでいなければならなかった。今も彼が「それではまるで芯のからっぽな麦わらだ」と言っているのが聞こえる思いがする――他の指揮者だったら、そんな響きで大満足だったことだろう。いずれにせよ、稽古の場合ならそうだ――それから彼は「その響きは美しくない《ニヒト・シェーン》！」という、その「e」の音を長く延ばしたり、舌を突き出したりして嫌悪感を表現した。自分の受けた衝撃を手数を尽くした、夢中になった身振りを重ねて表わすのだった。

　フルトヴェングラーが解き放って示してくれるのは単に響きだけではなかった。彼自ら敬虔に耳をそば立てる和音の連結もそうだが、何よりも楽曲の動機と旋律が啓示されるのだった。彼はそれをうっとりと描いて見せた。そしてそれらに花を添えるのが、彼の形式感覚だったのだ。一つの作品を造型していくときの彼の能力ときたら……高揚していこうとする部分を彼はときに控えめに扱ったが、それは究極の目標にすべての注意を集中するためで、それは長大な規模の、例えばブルックナーの交響曲で顕著だった。彼は時間とテンポから解放されて思う存分享受と苦悩に身を委ねた。

　第二次大戦が終って復興のため、いや生命を維持するために最大限の努力が要求されている頃だったが、私たちは今よりも時間があり、落ち着いていた。何日もかけ、鉄道、船、バスを乗り継いでエジプト旅行までやってのけたのだった。船上の救命ボートの間を散歩するフルトヴェングラーの姿を私は観察することができた。彼の死の数年前のことだが、彼の瞳ははるか彼方に注がれていた。彼の表情には恋する若者のような輝きがあり、彼の両手、ことにその指は恋人の躰の輪郭をなぞるかのように総譜の旋律線を宙に描いていた。

フルトヴェングラーをこれほどまでに昂奮させ幸せにしたのは誰、それとも何だったのか。交響曲の、歌劇の一主題だろうか。もしかしたら、彼は自作の音楽を夢想の中へ招き寄せていたのかも知れない。だが、それがブラームスやベートーヴェンの交響曲だとしても同じことだったのだ。その曲に最初に出会ったときの感激がいつもそこに残っているのが感じられた。だからこそ、彼はオーケストラに向かって、「諸君、あなたがたがこの交響曲をもう百回も演奏していることは僕も知っている。だが、それを誰にも気づかせてはいかん！」と言うことができたのだ。そう言いながら彼は気を引くようにぐるりを見回し、やおらその左手を見せた。およそこの左手で表現できないものがあったろうか。そして指と手首、それに前腕と上腕にも無限の表現の可能性があった。音楽するにあたって小節の縦線は意味を失った。いまさら誰がテンポの指示に注意を促すだろうか。習い覚えた技術の類はすべてどこか遠くへ行ってしまったが、それでも作曲家の表象した世界にあれ以上強烈に入りこむことはできなかったろう。コントラストと繊細きわまるニュアンス作りは彼の最も好むところで、左手でそれを味わいつくす趣きがあった一方で、右手はテンポと楽曲の造型に責任を負っていた。だが右手にしても余り明確に振ってはならないのだった。さもないと、楽員たちはそっくり返って無頓着かつ無造作に弾いてのけてしまうからだった。あとにいくどか弾むようなふるえを伴った彼のあの異様なアインザッツは合奏に加わっている全員に特別な精神の集中を要求した。フルトヴェングラーは恐れたのである。自分がただ振り下ろすだけでオーケストラが正確についてきたら、アインザッツが冷たく硬いものになりはしないかと。彼の響きには拡がりが必要なのであり、不意討ちも力も要らなかった。重み、充実と温かみこそがだいじだったのだ。

わざとらしさがあってはならなかった。彼ほどに自由自在にテンポとデュナーミクを変えることのできた人はいないだろう。だが、ある部分が、いやある小節だけがどれほど速く、あるいは遅くなり、その音量がどれほど大きく、あるいは小さくなったかを測定してみようと思いつく者はいなかったろう。測定し、説明できるものは何一つなく、すべては体験し、感覚されねばならないのだった。言葉をもってしては、望んだ成果はまず得られなかった。稽古の途中で彼はよく中断し、何も言わずにそこを繰り返したが、身ぶりが言葉よりも雄弁に語った。

またフルトヴェングラーはときとして、ほとんど理解不可能の言葉を口にすることがあった、「しだいにゆっくりとならない！」つまりは言葉の力に頼って招き寄せるのではなく、言わずとも皆から共感され得るものだけが生じなければならないのだった。フルトヴェングラーが他人にどこまで自分の内面をのぞかせていたかを考えるとき、多くの指揮者が指揮の身振りをごく表面的に鏡を前にして稽古する実情がグロテスクに思えてくる。

演奏旅行でフルトヴェングラーはオーケストラと行動をともにした。列車には彼専用のコンパートメントがあり、そこでオーケストラの支配人や役員と、ときには団員とも議論した。次の町に着くと、皆は揃ってホテルに行くが、受付でいろいろな事項を記入する書類が渡される。彼も記入したのだが、職業欄にはいつも「音楽家」と書いていた。なぜもっとましなことを記入なさらないのですか、いくつもすばらしい称号をお持ちではありませんか、という団員の問いに彼は「僕は音楽家だ、それ以外の者にはなりたくない」と答えるのがつねだった。それは謙遜を装うというようなことではなかったろうが、彼が所持していた勲章の類の多くが、彼の嫌いなナチスから授与されたものだったという事実もそれに関係していよう。フルトヴェングラーにすれば「音楽家」という称号は、彼が自分の職業について抱く理想を包括していた。指揮棒は表現の可能性のごく一部分にしかすぎず、彼は身も魂も捧げて「音楽《ムジツィーレン》」したかったのであり、ピアノ演奏も作曲も同じくその一部であった。彼はひたすら――音楽家であった。彼はけっして非政治的ではなく、自分の存在を危うくするところまで政治的な発言をしたこともある。しかし、何よりもまずフルトヴェングラーは音楽家であり、音楽家仲間との連帯感を感じていた。

あれほど音を通しての理解に重きをおいていたその彼が晩年になって難聴に悩まされるようになったとき、その心中はいかばかりだったろうか。彼は聴力をあげるため、あらゆる技術的手段をためしてみた。だが、彼が生々しく体験しなければやまなかった響きを、いったいどんな補聴器・増幅器が媒介できただろうか。難聴は生命にさしさわりのある病気ではないが、彼の場合はそうなりかねなかったと想像できる。

フルトヴェングラーの死が伝わったとき、私はいく人かの同僚と立っていた。一人が、「この人が亡くなった以上、僕は仕事をかえようと思う」と言ったとき、私たちは彼に賛意を表した。

ヘルベルト・フォン・カラヤン

フルトヴェングラーの死の衝撃ゆえに私たちがまだかなり呆然としていた頃、早くも重要な決定を下す必要が生じていた。フルトヴェングラーとの最初のアメリカ演奏旅行は久しい前から一九五五年の二月から三月にかけての予定で細かい点にわたるまで準備されていた。この旅行は取りやめになるのだろうか。代わりの指揮者がそんなに早く見つかるものだろうか。最初のアメリカ旅行となれば、たまたま体が空いているからといって指揮者なら誰彼かまわず同行してもらうわけにはいかないのだった。もしかすると、すでになかなかの売れっ子になっているヘルベルト・フォン・カラヤンが他の契約をキャンセルしてくれるのではないかという希望も生じた。そのカラヤンは、フルトヴェングラーの後継者の地位が保証されるのではなければ旅行には行かないと回答してきた。だが、首席指揮者の契約ともなれば時間がかかるものなのだ。

ベルリン・フィルは後継者としてカルル・ベーム、セルジウ・チェリビダケ、ヨーゼフ・カイルベルト、オイゲン・ヨッフムなどの他の指揮者も話題に上げていた。しかし、オーケストラはカラヤンの出した条件に同意した。支配人だったゲールハルト・フォン・ヴェスターマンは、カラヤンにフィルハルモニーの定期公演と演奏旅行の指揮を委ねることを目標に協議に入ることになった。

このような申し出を受ければ、どのような指揮者でもことのほか満足できたはずだった。これによって、あらゆる候補者の中から一頭ぬきん出ることになるからだった。フィルハルモニーの定期公演と演奏旅行はフルトヴェングラーの力によって輝かしいものになっていたから、そのような条件は指揮者にとってこの上なく魅力的なものであったはずだ。だがカラヤンはこの申し出に満足しなかった。彼の望むところはさらに高かった。

オーケストラが支配人に出した推薦状には、取り決めるべき契約の有効期間についてはのちの交渉に待つと記されてあったが、カラヤンはこの件に首をたてに振ろうとしなかったのだ。アメリカで予想される反カラヤン・デモの結果がどうなるかは誰にも分からなかった。さまざまな団体が演奏会を妨害し、阻止するつもりだと予告していた。彼らは、フルトヴェングラーがナチス・ドイツに背を向けず、自身を第三帝国の金看板として利用させたとして攻撃していた。ましてやカラヤンに対してはどう出るか知れなかった。彼はナチスの党員だったからだ。

カラヤンを同行した場合のオーケストラにとっての危険は政治的なレヴェルのものだったが、カラヤンからすると、芸術的なレヴェルの危険も存在した。つまり、フルトヴェングラーと比較されるというそれである。フルトヴェングラーの手が前もって加わっていたばあい、このオーケストラに自分の考えを伝えることがどれほど困難であるかは、何人かの指揮者がつぶさに体験したところだった。この問題が、フルトヴェングラーの死後、この意味深いアメリカ旅行を引き受ける際になって、ほとんど劇的な様相を帯びてカラヤンにふりかかってきたのである。カラヤン自身としては、この旅行を後継者問題と深く結びつけていたが、まずはこの旅行にカラヤンは代理として臨んだ方が関係者すべてにとって好ましくはなかったろうか。

だが、カラヤンとしてはそのような曖昧さの危険に陥りたくはなかったろう。彼の目差すものは終身の地位だった。彼の経歴にはそれ以上の栄達はあり得なかった。だが、オーケストラの楽員は、一か八かの賭に出たこの新しいパートナーについて正気にかえってもっと考えてみる時間が必要だったはずである。まだフルトヴェングラーを失った哀しみは生々しく残っていたからである。だが、アメリカ旅行を行うとすれば、迅速な交渉を行う必要があった。カラヤンはこの情況を利用して、後継者問題を自分の有利なように向けさせようとした。

オーケストラはカラヤンから圧力をかけられていると感じないわけにはいかなかったが、楽員のある者は、幸福な結婚に踏みきるべきだという説得をすでに受け入れていた。

カラヤンの典型的な行動であるが――のちにも繰り返し同じような行動をとった――彼

は自分にとって不意討ちとなりそうな事柄には一切同意しないのだった。すべての不安な因子は取り除かれていなければいけないのだった。

オーケストラの意向表明には満足できず、契約の交渉は短期間でまとまるはずがなかったので、カラヤンには記者会見という公の場が救いの道と見えた。有力なメディアのカメラとマイクを前にして、ベルリン州政府のティブルティウス文化大臣からカラヤンに、前もって取り決められていた、フルトヴェングラーの後継者になる覚悟はあるかという問いが発せられた。「幾重もの喜びをもって！」という答えは世界中を回った。

初めての演奏旅行の結果

新世界アメリカでは予告のとおりデモが行われた。ニューヨークでは演奏会の前に路上に出ぬよう、フィルハルモニーの団員は忠告された。私は聞き分けのいい性《たち》ではなかったので、この見ものを見逃す気にはなれなかった――カーネギー・ホールの前では抗議の行進が行われ、パンフレットが配られ、「ナチども」に帰国を促し、六百万のユダヤ人死者を祈念する横断幕が張られた。誇りと自覚をもってニューヨーク市民は演奏会からは遠ざかれ、と言うのだった。これらグループの態度は私にはかなり危険に思えた。事態がどう発展するか、私たちはかたずを呑んで待ち受けた。

演奏会は挙行された。脚にスローガンをくりつけて飛び上がった鳩を会場から追い払わねばならなかったが、新しい時代へのアウフタクトは大きな成功を収めた。聴衆は指揮者とオーケストラに有頂天の称賛を送り、批評は賛辞に満ち満ちていた。

むろんフルトヴェングラーがそれほど速く忘れられたのではない。オーケストラからすれば、カラヤンは未知の人であったわけではなく、旅行の前にもいくどか協演していた。しかし、今こそ彼はフルトヴェングラーの後継者となったのであり、将来にわたって、私たちの最重要の関係人物であった。

フィルハルモニー団員のカラヤンについての意見はまちまちだったが、大多数は彼が留まることを望んだ。彼は新しい時代を体現していた。柔軟かつエレガントに相手の意見に耳を傾け、有力人物の雰囲気をふりまいた。発言や判断については控えめにしていたが、素晴らしく世なれして、尊大ですらある印象を与えた。その人柄は団員にはフルトヴェングラーよりもつかみ難かった。だが、控えめにふるまうにせよ、厳格に要求するにせよ、そのどちらの彼も魅力的だった。挙動にはコントラストと矛盾をなす点が多々あり、それが人の心をとらえた。指揮についても同じことが言えた。

カラヤンは音楽と人生の巨浪に乗っていたのである。彼の演奏解釈では楽曲構造をくっきり露出させること、分析と構築とが同時に行われた。何ものも朦朧《もうろう》としてはならず、感情によって変形されてはならなかった。誰からも透視かつ概観できるよう、作品は純粋かつ異論の余地のないかたちで立ち現れねばならなかった。

テンポの点でカラヤンは仮借がなかったが、その厳しさは彼の身振りには見てとれないのだった。その反対で、両腕は指先まで実におだやかな線を描いた。ただ彼は自身にも、オーケストラにもいかなる気儘《きまま》さも許さなかった。情熱の極限のような表現であってもきちんと拍子どおりに、「折り目正しく」あらねばならなかったが、それもまた魅力だったのだ。フルトヴェングラーと反対にカラヤンは自分のどんな感情も人に気づかせなかった。心の深みを探る前任者の行き方をフィルハルモニーの団員は愛し、何十年にもわたって体験することができたのだが、今や、明確な意識に裏打ちされながらしかも把みにくい、新しい行き方に取り組まねばならぬ時期が来ていた。この新しいパートナー、カラヤンについての議論はまさに壮観だった。どれほど極端な立場をとっても理解でき、立証できた。誰の言うことも正しかったが、カラヤンについてのすべての意見を共通分母にまとめることは不可能だった。

カラヤンはその人柄についても、指揮のサインの出し方についても、けっして証明することも反駁《はんばく》することもできないような臆測の働く余地を十分に残しておいたので、千差万別の聴衆の期待が満たされたのである。

新しい首席指揮者候補と行ったアメリカ旅行は大成功だった。だが、カラヤンとベルリン州当局との契約の締結は永びいた。カラヤンは自分が前任者と同一の条件で王座につけるものと期待していた。

彼は永年にわたってベルリンで有名であった。彼の才能と開放的な如才なさは高く買われていた。ただし、彼の権力志向も知られていたので、契約の中に「取るに足らぬ変更」が挿入されることになった。自分は前任者と同一の契約を手に入れたかどうかというカラヤンの問い合わせに対して、文言に小規模な変更はあるが、それは大したものではないという回答が行われて、彼をなだめた。いずれにせよ、この変更はわずか一綴りであり、フルトヴェングラーの場合、支配人の選出には彼の了解を取らねばならないとあるのに対し、カラヤンの場合、この件について彼に相談するだけでよく、彼の希望はことによっては無視することもできたのであり、実はかなりの違いと言えた。

カラヤンが就任する直前のことだったが、フィルハルモニーの団員は公務員となり、ベルリン・フィルはベルリン州のオーケストラとなった。すべての契約は州政府との交渉によって結ばれることになり、オーケストラの幹事会は州政府の考慮事項に属すことになったが、オーケストラの団員はカラヤンの契約の細部についてはもはや知らされなかった。だから一九八四年に例の紛争が起こったとき、カラヤンが前任者よりも少ない権限しか持っていないことが明らかになると大いに驚いたのだった。カラヤンの行動によって、彼らはむしろその反対を想像していた。

後年になって分かったことだが、カラヤンに対しての用心深い処置は理由のないことではなかったのである。より多くの権限が彼に認められることはなかった。当時の契約の相手方の下している評価をカラヤンが知っていたとしたら、彼は敢えて首席指揮者の地位に賭けることを考えただろうか。私にはそんな想像はできない。フルトヴェングラーと違った評価を受け、扱われているという事実が知れたら、彼はまちがいなく恐ろしい紛糾を引き起こしていたかも知れない。だが、当時の彼の地位はそれほど固まっておらず、彼が早々と力競べを試みることはなかったろう。

州政府当局はフルトヴェングラーの契約の細部についてカラヤンと話す義務を負っていなかった。のちにさまざまな困難が生じたときになって、カラヤンに当るについては特別の態度をとれという、州当局が受けていた助言は適切なものだったことが判明した。いずれにせよ、芸術面の実務について格別の注意が払われた。

カラヤンの指揮ぶり

フルトヴェングラーより小柄でほっそりとした彼が、いまや私たちの前に立っていた。謙遜で親しみのある印象を与え、腕を円を描いて前方に繰り出しながら——その眼は閉じたままだった。

フルトヴェングラーは何と懇願するようなまなざしで私たちを見つめたことだろう。高潮した瞬間には、切望の気持を伝えるその身振りばかりでなく、その瞳までもが私たちに訴えかけてきた。ところが、カラヤンからは一瞥だに与えられないのだ。よそよそしさが指揮者とオーケストラの間にひろがった。こっちも眼をつむらなくちゃあいけないかなと思ったのは、私一人ではなかったが、そうなれば、すべておしまいだったろう。ここでベームがよく口にしていた軽口を引用させて頂こう、「ある演奏会のときだったが、すべての明かりが消えてしまった。このわしが慌てず騒がず指揮を続けなかったら、大混乱が起こっていたこったろう」

カラヤンは自分の内面を見詰め、内面の声に耳を傾けていたのだろう。だが、私たちは彼との間に遠いへだたりを感じ、置き去りにされたと思った。オーケストラの楽員にとって指揮者との視線による接触は重要なコミュニケーションの手段なのだから。

カラヤンの閉じた眼はオーケストラに対する挑戦だったが、彼自身もそのために取り逃がしたものは少なくなかった。オーケストラの楽員にも、指揮者として無視してはならないボディランゲージがある。だらしない態度、拒否する態度、あるいは信頼と献身をこめた態度はいずれも棒振りに対するフィードバックなのである。音楽するパートナーの間で起こるすべてのことを耳だけでとらえつくすことは不可能だ。

視覚によって暗譜した結果カラヤンは眼を閉じるようになったのではあるまいかと私は自問したことがある。ページをまるごと記憶に収め、こうして脳裡に譜面をとり込んでしまう人がいる。総譜の実物はなくとも彼らは譜のとおりに指揮するが、それは総譜が眼の前に浮かんでいるからである。また、なかには総譜を完璧に写し取ってしまう人がいて、ページ数やナンバーや、文字まで言うことができるくらいだが、そんなことは稽古の補助手段になるだけだ。敏感な楽員ならば、指揮者がそうやって作品を自分のものにしているかどうか、分かるものだ。だが暗譜による指揮であっても、指揮者があらゆる譜面《づら》から解放されて、作曲家の霊感に従いながら曲の構成に内的に共感を覚えるところまで達すればさらに意味があろう。

カラヤンが受け継いだプログラムは、フルトヴェングラーが練り上げ、オーケストラが素晴らしい演奏を行ってきたものだった。だが、アメリカでの最初の公演では、フルトヴェングラーとの協演で慣れ親しんだ成果に比較すると、フィルハルモニーの楽員たちにはいろいろと不満な点が残っていた。視線のコンタクトが欠けていて、指揮者の身振りが控えめなためにすきまが生じ、それは塡《は》められねばならなかった。

そのすきまを私たちは手探りしながら進むことになったのだ。私たちは一種の挑戦を受けていた。フィルハルモニーの楽員たちは以前から非常に室内楽的な演奏を心がけていたが、そのときから、私たちはさらにお互いの音に注意するようになった。よく考え抜かれた、柔らかい響きが流れ出た。オーケストラに自立心が増し、責任感すらも増大した。途方に暮れた最初の感じは大いなる努力によって克服された。

これまでベルリン・フィルは献身的に演奏することに慣れていた。ところが、いまや、前方、音楽的行為のまっただ中に一人の男が立って、その磨き抜かれた響きがいかにもやすやすと造り出されるかのような印象を伝えているのである。カラヤンの態度そして、フルトヴェングラーのそれに比べれば倹約した身振りは、それによってこれほどの凄い結果が達成されるとすれば、奇跡と解されるほかはなかった。「奇跡のカラヤン」が話題になった。

「奇跡」との協同作業

各批評家は、ベルリン・フィルがカラヤンの統率下に入ったことで初めて、その優れた力倆を十分に発揮する機会を与えられ、国際的にもふさわしい評価を受けることになったと述べた。成功によって、新しい配偶者の選択が間違っていなかったことが証明された。

カラヤンは団員に対してきわめて愛想がよかった。誰かが病気になると優れた専門医を世話した。一人一人の心配事も快く現実的に処理してくれた。ただ、個人に対してとられた特別措置が共同体であるオーケストラの利益に反するようなとき、そのような承認を撤回してもらう仕事は、幹事である私がときに出喰わす、余り面白くない役割だったが、そんなときでも問題はなかった。カラヤンは新しい事態を察して、前の決定を更《あらた》めた。彼となら本当にうまくやってゆけた。

だが、それにも限度というものがあった。カラヤンは、自分が人からどう見られたいか、また同僚指揮者の間でどのような位置を占めるべきか、実によく分かっていた。彼の利害に関る問題ではいずれにしても彼に譲らねばならなかった。自分がどの道を歩くべきか、どれだけの道程にどれだけの時間をかけたらいいか、彼はけっして迷うことはなかった。スター指揮者に自己犠牲を求めるのはお門違いというものである。カラヤンが疑ぐり深いように、彼が余りに親切で思いやりを見せるとき、私たちも眉に唾《つば》をつけないわけにはゆかなかった。彼が話しかけてくるとき、どのレヴェルで物を言っているのか、よく思案してみる必要があった。利害のさまざまなレヴェルをしっかりと区別して、調子を合わせる必要があるのだった。カラヤンがオーケストラの首席に坐った頃、彼との対話は魅力にあふれ、開放的に進められた。手探りで慎重を期し、注意深くはあったが、機嫌よく冗談もとばした。カラヤンとの協同作業は快適で有益だと私も思った。交渉に加わる誰もがくつろいでいて協力的だった。私とともに幹事を勤めたユルゲンスなどはいつも楽観的で、物に動じることがなかった。支配人フォン・ヴェスターマンの交渉態度は穏やかで、きわめて微妙な問題でもかどが立つことがなかった。開けっぴろげでこだわりのない対話の進め方の模範はフィルハルモニーの西ドイツにおける演奏旅行のマネージャー、エーリヒ・ベリーだった。彼に取り扱えない事柄はなかったから、カラヤンも彼の申し出はすべて受け入れたのである。

ベリーはベルリンの文化界の表裏に通暁していた。ジャンピエートロとレーア・マッサーリが比類のない演技を見せていたメトロポール劇場に出演したこともあったが、そのあと喜劇俳優としてドルトムントに移り、同時にオペレッタ劇場の三人の劇場監督の一人になって市立劇場に競争を挑んだ。ベリーはベルリン時代の知人やスターを自分の劇場に招いたし、音楽マネージャーになってからは、ベルリン・フィルをドルトムントに呼び、やがて西ドイツ全域にわたる演奏旅行を催した。

敗戦直後の彼の演奏旅行では食糧も不足し、大規模なオーケストラに行く先々の町で食事を工面しなければならず、残っていた数少ないホールや市電の車庫を演奏会場に仕立て上げねばならなかったが、まさにそのような不足ばかりの情況で多大の喜びをひろめることができたので忘れられない体験となった。ベリーは喜劇役者だったから、余り賛成を得られそうにもない意見でもユーモアたっぷりに上手に口にしたので、誰も傷つくことはなかった。他の人間ならとうてい言い出しかねるような真実や戒めを彼は言ってのけた。同行者の家庭の事情まで父親気取りでユーモラスに取り上げるベリーの処世知と洞察力にはカラヤンも一目おいていた。一九七四年にベリーが死んだとき、歯に衣きせぬ真実が語られる源の一つが涸《か》れたのだった。

とにかく差し当たっては更めて折り合っていく必要があり、誰もが連帯感と協調性を見せた。私たちは、カラヤンが何でもかでも気にする傾向があることにやがて気づいた。オーケストラの共同決定権、つまり口出しの権利は彼には思いもかけぬ挑戦となった。のちの「ザビーネ・マイヤー事件」なら世界中が知っている。だが似たような件はカラヤンの時代にいくつかあった。

カラヤンは自分が思い描く自分の姿を支持してくれる協力者を必要としていた。パートナーが勝手な行動をすれば彼に対して面倒を引き起こすことになった。「あらゆる芸術上、組織上の問題についてオーケストラの意見はその幹事会を通じて聞かれねばならない」とはオーケストラの管理規則の重要な一項である。このことは、どんな企業でも共同決定が実行されている今日ではもはやさして大きな意味をもたない。だが、当時のベルリン・フィルはこの領域で先駆者の役割を果たしていた。創立以来、団員は新しいメンバーの採否について共同決定の権利を持っているか、自分たちだけで決定することもできたのである。その後、指揮者の声望がたかまるにつれ、彼らはより大きな決定権を要求するようになった。

新しい団員の加入問題

新しい団員をベルリン・フィルに受け入れるには団員の過半数が賛成しなければならない。しかも賛成票には首席指揮者の票が含まれている必要がある。一年の試用期間が過ぎたあと、正式に採用されるためには、団員候補は三分の二の多数を取らねばならず、ここでも首席の賛成が要る。つまりオーケストラはカラヤンの意に反して団員を雇えないし、カラヤンもオーケストラが反対しているのに団員を就任させることはできない。これによって最良の音楽家を見出す、最大の保証が与えられるのであるが、永年の間には意見の食い違いが現れたのも不思議ではない。だが、カラヤンとのそのような対立がなぜたいていは劇的な経過をたどるのか。

例えば一九六〇年にも、カラヤンの採用したがった音楽家をオーケストラは拒否した。投票の結果をヴィーンにいたカラヤンに私が伝えると大目玉をくらった。二週間後に計画されていたパリ旅行とレコード録音は、オーケストラがそんな決定に固執するなら、中止になるというのだった。

急いで召集されたオーケストラの総会で、両者に満足の行く解決を見出すため、私がヴィーンに行くことが決議されたが、管理規則に従いオーケストラの共同決定権は侵害されてはならないという条件がついていた。ただ、私の努力に州当局からは何の援助も得られなかった。オーケストラの管理規則には別の理由で州当局が異議を唱えていたからである。オーケストラ団員の共同決定権は気前よく適用が許されているが、それを州当局は自分の側からの恩恵だと見なしていたのだった。と同時に州当局は、レコードや映画製作に関与を求める気でいた。カラヤンは好んで公式の演奏会を別の活動に結びつけた。だから州当局は各所で行われる活動の内容と収入高を知りたがった。そしてオーケストラの幹事会に迫ったが、幹事会は楽員の勤務時間外の副業について交渉する委任は受けていなかったのだ。このような、ざっと見渡して大勢をつかむことも難しい情況の中で、オーケストラに各方面から加えられる攻撃を防御しなければならなかった。

こうして私はヴィーンに行き、話し合いを乞うた。差し迫った演奏旅行を決定するための時間は限られているにもかかわらず、カラヤンは落ち着いたものだった。彼は私をホテルに二日待たせたのち、晩に国立歌劇場に来るように言った。彼は歌劇を指揮しているので一幕と二幕との間に私に会おうというのであった。

私たちがベルリンで多大の時間を費して取り決めた、しかも現在ばかりか将来にも重大な結果を及ぼすに違いない事柄について大事な決定をしようというのに、カラヤンがそれについて公演の幕間に判定を下そうとしていることが不思議に思えてならなかった。時間のごく限られている話し合いは事の重要性にふさわしくなかった。この件に関するあらゆる問題を休憩の間に論じつくせるとは想像もできなかった。時間に追われて、大事な動機が論じられずに終ってしまうような結果になっては困るので、私はこの日取りに反対した。カラヤンは折れて、その翌日の午前を詳しい話し合いにあてた。フィルハルモニーの団員の就職と解任についてすべてを決定する権利を握りたい、という彼の要求が争点になった。すぐに分かったことだが、彼は権限の拡大を求めているのであった。自分の一票で百二十人の団員の投ずる票を圧倒できるのが彼の狙いだった。

ここでは単に権威だけが問題ではないことを彼に分からせようと私は努力した。ベルリン・フィルは事の決定にあたって誠実であることを習慣としてきた。その責任ある態度はステージでの音楽行為の熱と充実に必ずや影響するだろう。同僚の多くが、もしオーケストラの決定が軽視されるなら二度と練習には姿を見せないぞと、私をおどしていた。指揮者の側にしても、相手となるオーケストラの活気を骨抜きにするような事態の進展は望みはしないだろう。このヴィーンでの話し合いは二時間にわたって堂々巡りを続けた。両者とも互いの立場を譲らず、相互理解の気持を不信の念によっていたずらにふさいでしまうなら、カラヤンの挙げている論拠は何一つ目的を達しないと私は認めるほかはなかった。ところが急転回が訪れた。カラヤンは両のすねを叩き、話し合いを終えて立ち上がると満足げに言った、「じゃあ、そうしよう」と。私は唖然となって、訊《たず》ね返す気にもなれなかったが、彼はパリへの帯同の演奏旅行とレコード録音は行われるし、問題の音楽家の契約は行われないと確約した。私の説得が功を奏したのか。いずれにせよ、カラヤンは要求を取り下げ、脅しは実行されなかった。

同じような事例がのちにいくども起こったということは、私が根底からカラヤンの気を変えさせたのではなく、彼の心境の変化にはおそらく別の理由があったということの証明である。彼はある事柄をこうと決しなければいられぬ気持になったが、そのすぐあと、その決定を面目を失わずに自分で変更できる人なのだった。逆に人々に同意を与えておいて、あとで彼らに痛い失望を味わわせることも間々あった。

ベルリンに戻ると、私があらゆる点についてカラヤンの気を変えさせるのに成功したことに同僚たちは大変驚いたふうだった。オーケストラの幹事に再選されることは——もし私がそれを望むなら——もう心配は要らなかったのだ。だが、成功についての本当の疑念を私はオーケストラに言わずにおいた。カラヤンの心変わりがどうして起こったのか、まだ自分でも分からずにいたのだ。もしすべての点で譲る気があるなら、なぜその前にあれほどの大騒ぎをし、脅しまでする必要があったのか。事態の落着のあとで彼はいくらかふくれっ面を見せるなり、心境の変化を説明すべきだったと私は思うのだった。だが、どうやらカラヤンからすれば、事態は円満落着のようだった。ただ、のちに生じた事態でも彼がいつも同じようにふるまったことが、私には理解できなかった。あらゆる権力と決定権を手中に収めることがカラヤンには大事だったのだ。

こういった事柄はオーケストラにとって差し当たりはどうでもよかった。芸術的には団員の協調はさらにたかまり、演奏会ではすべてが円滑に運び、バランスがとれていた。まさにふさわしい人間を上に戴いているという確信がオーケストラにはあった。各種の論説や批評にも、私たちがどれほど水準をこえた成果を挙げているか読むことができた。団員はカラヤンを愛しているかとあの頃訊ねられたら、「そのとおり《ヤー》」と素直に答えることができたろう。のちのザビーネ・マイヤーをめぐる大喧嘩のときには、オーケストラがカラヤンに赤裸々な憎しみを投げつけたのではないかという推測が行われたが、こちらも間違ってはいなかった。オーケストラとてもカラヤンと違うところはなかったのだ。彼はときとして、ことに素晴らしい演奏会の終ったあとなどにはオーケストラへの愛情を示してはばからないが、うまく行かない時期には彼の口や眼から正反対のことが読み取れるのだった。

憎しみを伴わぬ愛も、愛に裏打ちされない憎しみも存在しない。この二つは共存し、お互いを縛り合っている。愛情や憎しみが極度に昂進しているときにはこのことを認めたがらないが、これらの感情が突如として激変することを体験すれば、愛憎が併存する情況を認めようという気になるものだ。

カラヤンとベルリン・フィルとの関係はこのようなことが経験される場だった。私自身も彼との関係で感情の激しい上下動を経験した。彼はこの上なくこまやかな感動から荒々しい怒りの暴発にいたるまで、自分が遭遇した事柄に対してさまざまな強い反応を示すことがあった。

「カラヤン像」の成立

私たちが生きている現代は、自分を衆目にどのように見せるか、またどのように映るかに多くがかかっている時代である。政党も企業も広告エージェントに委嘱して、自分の正しい姿《イメージ》を世間に示そうとする。中味は背景におしやられようと、真実とたがおうとかまわない。ただ外見には手が触れられてはならないのだ。見てくれが大衆の期待にそえばそうだけ、成功は大きくなる。

カラヤンはこのことを見とおしていた。ルールを完璧にマスターしていた。彼の肖像については彼があらかじめ祝福を与えた写真しか公表してはならないことなど、誰でも知っている。それと裏腹に、こっそりと撮られた写真が衆目に触れるのではないかという不安が彼には感じられた。

彼の同行した演奏旅行で私はカメラを持って練習に出た。自分の初めて訪れた町の写真を何枚か撮ったあとだったのである。練習の間、そのカメラを使われてない太鼓の上にのせておいたところ、カラヤンはそれに眼をとめて、しまうように言った。カメラ一つだけでもカラヤンはいらだつのである。

だからテレヴィジョンでは、彼の理想像にそぐわない瞬間には決して撮影されぬよう、どれほどよけいな注意が払われることだろうか。

カラヤンが映像監督も引き受けるのは、新しい分野を開拓し、そこでも能力を示そうというためだけでないことは確かである。いや、自分の方がうまくやれると思えることは、偶然とか他の誰かの手に任せてはならないのだった。多くの領域で彼は頭抜けた能力をもっていたが、何より、いたるところで能力を示さねばいけないという不安と猜疑心が、彼にそのような行動をとらせたのである。あるテレヴィジョン放送の際には、彼自身が何回クローズアップで撮られるか、わざわざ選び出された音楽に合わせてどの角度からカメラが狙うのがいちばん印象的な画像になるか、それをカラヤン自身が決定したのだった。正規の収録の前に指揮者の代役があらゆる可能性を試し、カラヤン自身がテレヴィカメラの調節にあたっていた。

さて、「生の」演奏会を訪れる聴衆には、その上演がいかに重要であるかということがまた別の手段によって教えられる。例えば、演奏会の開始時刻のようにさして重要でないことでも、必ず他とは違うようになっていて、公演が特別な催し物であることを聴衆に暗示する。カラヤン演奏会の料金はどんなことがあっても他の演奏会のそれより高くなければならなかった。初めの頃は、彼の演奏会の入りは他の有名な指揮者ほどよくなかった。そのため、入場料金を吊り上げて、事が例外に属する出来事であることを印象づけようとしたのである。そうでもしなければ、カラヤンと他の指揮者の技倆の違いなどすぐには目立たなかったかも知れない。だが、金を払う段になると人の多くは敏感になるものだ。

ベルリン・フィルに客演する指揮者のなかには大都市の素晴らしい地位を占め、カラヤンに劣らない高給を得ている人がいる。だが、彼らはベルリン・フィルの予告では、他のすべての指揮者——それほど有名でなかったり、またもっと「廉《やす》かったり」する——と差をつけられることなく、すべて同じ料金のクラスに入れられる。ただ一人の帝王だけがすべてに君臨するわけである。このような料金構成は今日では誰も不思議に思わない。この種のキャンペインをカラヤンが始めたのは、彼の演奏会に対する需要をこれから喚起しなければならないというときだった。自分の能力だけを恃《たの》みにする者はえてして人の注意が集まるまで永く待たされることがあるからである。

カラヤンと彼のフィルハルモニーという特別な祝祭的イヴェントは単に耳の饗宴にとどまらず、視覚も娯《たの》しませねばならないというように、舞台上にはふつうの枠をはみ出た数の楽員が勢揃いしていやが上にも人の目を引く。ところが客演の指揮者たちは家の主人カラヤンと同数の弦楽器奏者および管楽器の倍増を要求しても徒労に終った。一段下の扱いでは満足しない、これらの指揮者をなだめる役目が幹事の私によく回ってきた。だが、彼らが同じオーケストラをカラヤンと同じ条件では任されない理由は理解し難いというのは事実である。すべての指揮者を同じように満足させるように、楽員たちに余分の勤務をしてくれるよう期待してもむだである。フィルハルモニーの団員はいずれにしても大変に勤勉であり、年におよそ百四十回の演奏会に出演する。カラヤンに我慢してもらうことなどとうてい無理だった。芸術上の成果への高い要求も示すが、この方面でも彼は絶対に妥協しなかった。一方、このように見下される扱いを受けた客演指揮者たちの憤激はどうにもなだめようがなかったが、例外はまれにしかなかった。指揮者のなかにはマネージャーに注意されて初めてこの事実に気づく者もいたが、すべての指揮者がこの点でカラヤンに負けまいとするほどの功名心をもっていたわけではない。

今日では、カラヤンに許されているのと同じ大編成でベルリン・フィルを指揮することを要求する者はいない。皆、慣れてしまったのだ。

「帝王の間」

フィルハルモニーの演奏会場が一九六一年に新築されたとき、ここにもカラヤンの影響が現れた。新しい演奏会場の設計原案が入賞したハンス・シャロウンはたびたびベルリン・フィルの演奏会に歩を運んでいた。彼はこの指揮者がすべてにおいていかに中心的な位置を手中に収めたかを感じとった。そこからヒントを得てシャロウンはこの晴れやかなホールの幾何学的中心に指揮者席をすえ、すべてをそれに従属させた。カラヤンはこの位置を適切と認め、シャロウンの計画が実現するのに手を貸した。

指揮者というものは演奏の合間に、訪問客やサインを求めるファンが待っている控えの間から二枚の扉でへだてられた、贅沢な内装の部屋で休憩できるようになっているべきである。

シャロウンは、一回の公演にはつねにただ一人の指揮者しか出演しないことを確認していたので、その一人のためにあらゆることを考慮した。ところが何たる災いか、建築が完成したとき、カラヤンは、たとえ自身が何カ月もベルリンを空けるときでも、自分の指揮者専用室と化粧室を他の指揮者には使わせないと言ったのである。これはショックだった。空間的にはすべての割り振りがすんでいて、新しい部屋は作り出せなかったのだが、カラヤンは意地を張りとおした。彼の聖域には誰も入ることを許されなかったのだ。カラヤンに劣らぬ盛名を誇る同僚といえども、窓もない元来の控えの間に甘んじなければならなかったし、新たに化粧室をそこに設置しなければならなかった。各新聞はこのことについて皮肉な記事を書き連ね、諸事倹約なベルリンなので余計にかかった費用を正確に計算して載せたりした。

　指揮者のもとまで肉薄したい、多くのファンも部屋をなくしてしまった。彼らはホールに通ずる狭い通路、廊下にたむろするほかなくなった。カラヤンが生きているかぎり、客演指揮者は「控え」指揮者にしかなれない。むろん、ホールの中では彼も中心的存在であり得るけれども。

　口さがないベルリンっ子は「カラヤンのサーカス《ツィルクス・カラヤニ》」というラテン語を口にするが、それはこの素晴らしい建物の建築様式と大きく反ったテント状の屋根のことを指しているのである。この新しいフィルハルモニーで最初の演奏会の行われた頃、私はよく早目に行ってオーケストラの壇に上り、オーケストラと指揮者たちの新しい本拠である、この印象的な空間に初めて足を踏み入れてうっとりとしている観客たちを観察した。

　カラヤンは何一つとして運命などというものに任せておけない人で、自分の成功についても責任を自覚し、何らかの障害に発展しかねない事柄や人物を見すごしたりしたら、きっと自分を責めずにはすまないだろう。

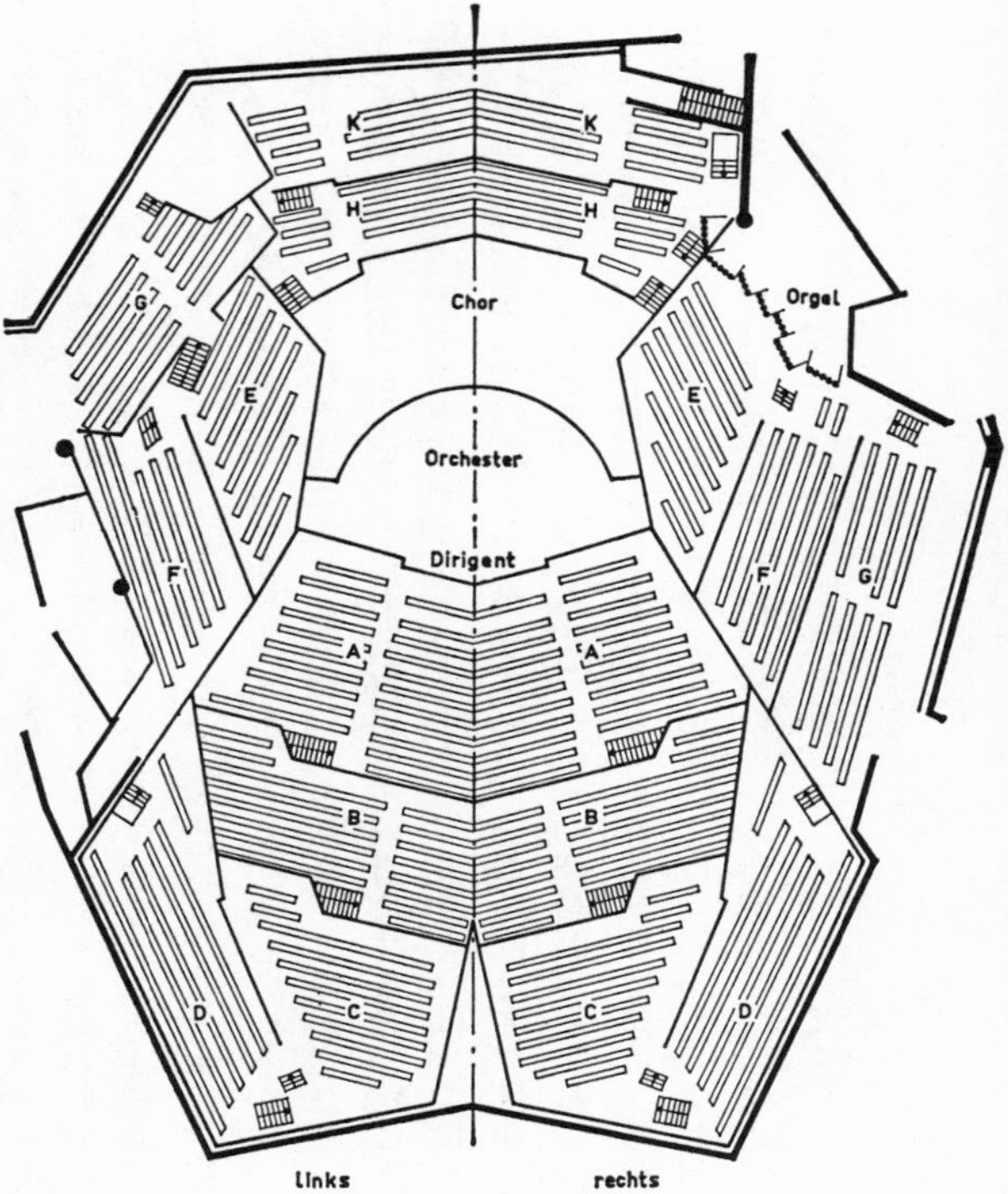

ハンス・シャロウン設計のベルリン・フィルハルモニー平面図。指揮者が中心に

これと関係することだが、若い頃ヴィーンで工学を学んだことはやはり重要であろう。彼はこの分野の知識をたくみに生かして、例えばレコードや映画の収録技術の新しい発明をどう評価するかというときに、他の指揮者に差をつけるのであり、誰も彼より優秀な器械を手に入れて彼を凌駕《りょうが》してはならないのだった。むろん、彼はまた、演奏会の主催者や、レコードや映画の製作者が彼の表現意図をどのように実現しているかについても留意している。最近では彼しか彼の考えどおりに完璧に広告活動できなかったという事実から、彼自身やむを得ず、名は出さないにしても興行主や主催者にすらなったこともあり、彼はいわば趣味が昂じて広告業の専門家となったのである。カラヤンはすでにヴィーン、パリ、ミラーノその他の諸都市で経験を積んできていて、その地位と名声はゆるぎないものになっていた。彼は歳月と経験を積みながら、ことに若い楽員が昇進するにつれて、優越感を覚えるようになった。カラヤンという名が畏敬の念を人に吹き込み、彼は尊敬され、神格化された。彼が敬意の表示にきわめて敏感であることは、パートナーたるものはとっくに気づいていて、自分はほとんど誤りを犯さないという自惚《うぬぼ》れを彼に植えつけた。このような地位をカラヤンは享受し、さらにそれを確かなものに作り変えていったのである。

フルトヴェングラーとカラヤン

フルトヴェングラーの手紙を読み、また彼の語ったことを聞くと、彼が自分をまず作曲家と考えていたことが分かる。創造芸術家としてのあり方が指揮者としての彼の音楽に利益をもたらしていた。指揮者の立場としては最上の引き合いがあったときでさえ、自分にとってもっと大事な任務、例えば交響曲を書くというそれのため断ることもあった。

客演指揮者としてもっと多く登場してもらいたいという多くのオーケストラの願いに、いずれにしろ彼は応じることはできなかった。もっとも、彼はおどろくべき仕事をやってのけていたのではあるが。一九五三年に、彼は支配人のゲールハルト・フォン・ヴェスターマンあてに、自分の仕事のためにもっと時間を作る必要上、指揮活動全体を見直したいと書き、ベルリンとヴィーンの演奏会の指揮すら諦めようとした。失望したヴェスターマンはその返事に、「そうなると私たちがものすごい犠牲を払うことになるのは、単につらいという以上です」と書いた。

このようなフルトヴェングラーの姿勢が必ずしも十分に真剣にとられてきたとは言えな

い。

ただ大きな成功の恩恵に浴することだけが望みであったなら、フルトヴェングラーにとっては指揮活動がその法外な機会に違いなかった。だが、作曲家としての彼は、成功を収めた指揮者だったからこそ、多くの批評家の注目を浴びたのである。指揮者としての道をたどらねばならなくなったとき、指揮者は自分の生活の義務の部分であり、本来の職分からむりやり引き抜かれた感じがするという彼の発言は、たいていの人からは信じられないことだという感じで冷笑を浴びた。だが、フルトヴェングラーは、あれほど強く作曲家であることを自覚していなかったら、大指揮者になれなかっただろう。彼は、聴衆の前にいわば作曲家の総譜を展《ひろ》げて見せ、彼の内面に侵入することができ、その音楽が彼自身の世界でもあるかのようにその中に生き、他人の作曲を完全にわがものにした。私は、彼ほどにその演奏解釈が何の妥協もなく主観的である指揮者に二度と会っていない。作曲家の意図した表現を可能なかぎり真正に解釈するのが彼のやり方ではあっても、そこで自分の個人的な見解を主張するのに彼は何のはばかりもなかった。彼はオーケストラのあるパートに光をあて、他のパートを後退させるが、そのコントラストは作曲家が記していたものより大きかった。彼がテンポを遅め、あるいは速め、デュナーミクをそのままに残し、かと思うと曲の構造への感情移入の結果必然的に生じる爆発へたどり着く、そういったとき作品に暴力が加えられて歪められたとか、いやそうではなくて、そうなって初めて曲は本来の表現に達したのだとか言って争うのはむだなことだった。このような演奏に浸れば衝撃なしにはすむはずがなかった。

フルトヴェングラーはまず作品の総譜を自分の血肉と化したのち、オーケストラを彼の体験世界に引き込む、という感じを私はもったが、カラヤンは作品を目の前で組み上げていく偉大な音響監督であることを実感した。その際、カラヤンはけっして独断的にふるまうことをせず、彼が総譜に読み取ったとおりのものが完璧な現実と化さねばならなかった。ストップウォッチを手に彼は指示されたテンポを調べ、それを守り通した。各楽器群の響きは微細にいたるまでバランスが保たれた。

カラヤンは現代的《モダン》であり、彼の発言はすべて抑制がきき、考え抜かれたものだった。演奏解釈に責任をもつ人間として彼は自身に対して主観的な解釈や疑わしいと見られる自由行動を許さなかった。フルトヴェングラー的な感情の強調は彼のようにモダンな人間には似つかわしくなかったろう。フルトヴェングラーとカラヤンには、それぞれ信者となる聴衆がおり、彼らがアイドルと仰ぐ指揮者と同じ感受性をもっていた。フルトヴェングラー党から見ればカラヤンの考えは個性を欠いていて打算的であった。カラヤンの信者にとってフルトヴェングラーの情熱は不愉快で癇《かん》にさわり、ときとして彼らはそれを気の毒にすら思ったのである。演奏会の聴衆で二人を並び立たせていいと思う者はごく稀だった。片方に魅きつけられた者は他方に批判を加えずにはいられなくなる。一方の陣営は心得て相

手の陣営から遠ざかった。指揮者たち自身も同じだったろう。このことをオーケストラは

マイナスとは見ず、両者の相異なった長所をありがたく思った。

カラヤンはあらゆることに気を配った。ザルツブルクで彼が指揮台から同時に舞台の演出も行い、巨大な祝祭劇場のあらゆる動きを記憶に留め、この大きな集団を芸術上でも組織上でも余すところなく掌握している様子を見た人間なら、彼の多面的な才能に感歎の念でみたされたに違いない。この劇場では誰も彼に対し何かを模範としてやってみせることはできなかった。芸術上の能力と多岐にわたる技術上の知識のおかげで彼は思うがままにふるまうことができた。

メディアとの関係

ザルツブルクではこのような印象を受けたのだが、ベルリンへ戻ったカラヤンが指揮だけをするとき、その能力を使い切っているようには全然見えなかった。練習の際、そしてレコードや映画の収録においても彼は活動範囲を拡げていた。交渉や相談のために彼が招いておいた人間がいつも彼を待っていた。タクトをおいたからといって、音楽の夢の世界からわざわざ目を覚まさせてもらう必要は彼にはなかった。すぐさま、別の事で話しかけても、彼の意識は覚め切っていた。

フルトヴェングラーの頃は演奏会の模様をひろめるためには貧弱な技術手段しか存在し

なかった。ラジオやレコードによる演奏会の再現は欠点だらけで雑音も多かったから、彼はそんな「音楽の粥《かゆ》」を嫌っていて、「缶詰」で我慢するくらいなら、音楽を聴くことを諦めた方がいいと言った。蠟《ろう》円盤への録音はみじめな成果しか産まなかった。スタジオの録音技師はピアニッシモではヴォリュームを上げて余計に音を採ろうとしたし、フォルティッシモでは下げて、溝の中の針があばれないようになだめた。「ライヴ」中継にもトリックがあった——あのように変化にとんだ音響をコントロールできる技師がどこにいたろうか。オーケストラはマイクロフォンの機能に合わせて配置を変えねばならなかったが、そういったことにフルトヴェングラーは親しめなかった。自分の音響に対する責任を手放したくなかった彼は、自分の活動が劣悪なメディアでひろまることの方をむしろ進んで断念した。

第二次大戦勃発の直前になって、フルトヴェングラーも承認できるような演奏会中継ができるようになった。今日の私たちの耳はたいそう甘やかされているので、彼の昔の録音にいろいろと難くせもつけられはする。だがそれでも彼の演奏録音に需要があるのは、彼の構成力のせいである。晩年のフルトヴェングラーは説得に負けていくつかの「音楽缶詰」を作ったが、実に嫌々ながらやったのだった。録音の際にどうしても生ずる音楽の流れの中断に我慢がしづらかったのだ。彼はまとまりというものを必要とし、修正のためのこま切れを提出するよりは、多少のミスが残ることに甘んじた。自発的に体験した音楽構成のプロセスは勝手に反復できるものではなかった。調整室から声がかかって中断されると、彼はタクトを机に投げて走って逃げた。

そのようなフルトヴェングラーに自制を求める者は、そういう瞬間の彼の内面に何が起こっているかを知らなかったのだ。そんなとき、彼はしばらく黙想の時間を要求して心をまとめ、あらためて開始した。あのように水準の高い演奏解釈にあっては感情に即した発展を細切れに生産することは不可能だった。技術的にはきずのない、優れた録音を採るか、フルトヴェングラーの魅力を採るか、二者択一だったのだ。音響技師は能力のかぎり妥協点を見出そうとしたが、彼らに何ができたろう。フルトヴェングラーにとっては結局のところ演奏会と中継放送しか存在しなかった。無きずの「缶詰製造」など彼の知ったことではなかった。また彼の映像は、映画しか残っていない。テレヴィジョンの時代が始まったのはもっとのちのことである。

カラヤンにしたところで、テレヴィジョンのための制作に踏み切るまでには何年もが経過した。当時の彼はテレヴィジョンで送る交響曲演奏会など適切なものとは見なしていなかった。テレヴィジョンの会社から申し出があってから、オーケストラはいくどもカラヤンに放送の同意を取り付けようとしてむだ骨を折ったこともあった。

その後、映像と音声の中継は改良され、テレヴィジョン受像機は各家庭の実用品となった。この分野でカラヤンが猛烈な活動を開始するときが到来したのである。すべての演奏に際して作品を解りやすく造型していくカラヤンは、映像と音声の収録にも明快な考えをもって取り組んだ。何が自分の思い通りになるか、彼は心得ていた。彼にあっては芸術と技術とはみごとに補い合った。フルトヴェングラーと違ってカラヤンは一小節とか、一つの映像を切り取って、よりよいものに置きかえ、細かいモザイクの断片を使って楽々と壮大な画面を組み上げてみせた。

フルトヴェングラーの深みに彼は達しなかったが、作り出した成果の魅力が劣っていたわけではない。誰にも自分の切札があり、相異なった切札がそれぞれの時代で人の心を魅くのである。

それぞれが相手よりは優れていると感じていたし、それはある特定の分野ではまさにそのとおりだった。一方のスターを崇拝し、他方を中傷する彼らのファンたちの行ったことはこの二人の指揮者の対立そのままだったし、それ以上に劇的でもあった――ファンたちは二つの陣営に分かれてしまい、果てしない争いとなって今日まで続く個人崇拝が始まったのであり、私も、二人のどちらの方が偉大か、とあるごとに訊《たず》ねられた。

なぜ、フルトヴェングラーとカラヤンは互いに共感を抱けなかったのだろうか。一方が他方について語っていることは判断される側について面白いだけでなく、判断する側もそうすることで自分を語っているのである。どちらも相手に対し強いこだわりを抱いていたが、その動機はまったく違っていた。相手が活字によってであれ、口頭であれ、けなされることは二人とも嫌いではなかった。フルトヴェングラーがその年下の同僚をライヴァルとして怖れていたため、出世させまいとしたことは頻繁に私が耳にし、また読んだことである。例えば、フルトヴェングラーはカラヤンに自分のオーケストラを相応な頻度で提供しなかったとかいったことなど。

オーケストラの首席指揮者が自分の楽団をいつ、どのように他の指揮者に提供するかは、なかなか興味深い。ここで特に重みをもつのが演奏旅行である。古いプログラムを読むと、フルトヴェングラー時代には多くの指揮者がベルリン・フィルの演奏旅行で指揮している。すべて素晴らしい名声の持主であり、フルトヴェングラーが競争相手を恐れたなら、どれもライヴァルと見なすことができた人々で、カルル・ベーム、オイゲン・ヨッフム、ハンス・クナッペルツブッシュ、カルル・シューリヒト、ヘルマン・アーベントロート、ヴィクトール・デ・サーバタ、ヴィレム・メンゲルベルク、ローベルト・ヘーガー、クレメンス・クラウス……彼らの多くが大規模な演奏旅行を行い、大きな成功を収めた。

芸術性と人間性

当時のカラヤンはこれらの指揮者よりも有名ではなかったのだから、フルトヴェングラーにすれば、彼をことさらに恐れねばならぬ理由はなかった。いや、むしろ彼にベルリン・フィルを任すために骨を折っている。ただ、彼はカラヤンを評価するにあたって芸術家と人物とを峻別している。一九五〇年二月と四月に、戦後短期間ベルリン・フィルの事務を執った支配人のパッシェにあててフルトヴェングラーは書いている、「むろん、カラヤンのことは了解している。プログラムは彼の自由に任せる。私は彼の能力を疑ったりなど金輪際しないよ」ただ、これは芸術家カラヤンのことを言っているのであって、カラヤンの人間としての行動についての判断ははっきりと違っている、「権力への渇望からどんな手段にでも訴えようという、この人物のきわめて不愉快な挙動。とどのつまり、個々人の権力への関心よりも音楽そのものに私たちはかかずらわるべきだと思います」一方で指揮者としてのカラヤンに好意的な発言をするフルトヴェングラーは、興行主やコンサートエージェントから、せっかちに出世を望むカラヤンのきつい要求のことを聞かされるたびに腹を立て傷ついたのだった。フルトヴェングラーは当時多くの都市で特別の地位を認められていたが、カラヤンは自分の出演交渉にあたってそれを認めようとしなかった。音楽上の競争ならばフルトヴェングラーは異議を唱えなかった。しかしカラヤンは新しい格付けを表すような特別の希望をオーケストラの組織についてもっていた。興行主たちはこの新人の付帯条件に同意するか、彼の出演を諦めるしかなかった。どちらも彼らの行いたくないことだったが、中間の道はカラヤンの要求の姿勢がふさいでいた。彼らはフルトヴェングラーに助言を求めたが、それがフルトヴェングラーを苦しい立場に立たせた。ベルリン・フィルにしても芸術上と人格上の優秀性を区別し、別々に判断することを学ばざるを得なかった。芸術家としてのカラヤンには燃えるような崇拝者がいたが、人間としては猛烈な敵がいた。

客演指揮者の扱いはカラヤンの方が鷹揚だったろうか。この点については一九六一年末のカラヤンとベームの二人の指揮者によるアメリカ演奏旅行は注目に価いしよう。彼らは演奏会も成功も分け合ったが、ベームの方が分が悪かったわけではない。ワシントンでのベーム指揮の演奏会の批評で、何年来の最良のコンサートだと述べている新聞を読んだ私たちは、数週間前のカラヤンとのコンサートのことをこの批評家はもう忘れてしまったのかと首をひねった。そんな思考の遊びもけっこう楽しいもので、批評家の言葉など私たちはそれほどまじめに考えていたわけではなかったが、冗談と受け取れない人もきっといただろう。この旅行が終ると、演奏旅行を客演指揮者が振ることはまれになった。ルール地方で行われるいくつかの演奏会が唯一の例外になっただけで、以後カラヤンはそんな旅行を許さなくなった。ザルツブルクやエディンバラのような音楽祭で、以前は幾人かの客演指揮者といっしょの仕事があったが、以後客演指揮者にはまったくチャンスが与えられなくなった。ベルリン・フィルはいたるところでカラヤンのオーケストラということになった。最近になってようやく彼以外の名も見られるようになったが、それはカラヤンの年齢と健康状態が配慮を必要とするようになってからである。

指揮者としての活動に精力と時間を奪われるフルトヴェングラーはそのかたわらに生じ

た余暇を机やピアノに向かって過ごした。作曲に精神を集中する彼は自分に対して不満を抱いたりはせず、また彼のオーケストラを指揮する同業者に対しても絶対に嫉妬はしなかった。

名声の最高点に到達し、全世界から賞讃を浴びせられるようになるとフルトヴェングラーの指揮という職業に対する態度が変化し始めた。彼はこの活動のもつ刺激、魅力をすべて味わいつくしたのだった。指揮する作品に対して彼はしだいに批判的になり、彼に対して作品の魅力が薄れたばあいは、急にプログラムを変更せねばならぬこともあった。指揮は彼の人生の最も重要な中身ではなくなりつつあった。

とはいえ、どうやって彼が音楽から離れ得よう。それは呼吸のための空気のように彼の生命の一部だった。晴れやかな演奏会場では、まさに音楽が彼に情熱を注入する様子を体験できたのである。

彼の恋人である音楽を伴って、光彩まばゆい大ホールに姿を見せることを好んだフルトヴェングラーだったが、静かな環境の中に身をおくとき彼の幸福感はさらに大きかった。自作を楽譜に移すとき、彼はまさに音楽と二人きりだった。私から見ると、そのようなときのフルトヴェングラーの晴れやかな表情には何か感動を誘うような子供っぽさが現れていた。

けれども、作曲家、音楽家フルトヴェングラーは何物かに憑かれた人だった。けっして賢明に自分の能力を使い分けることをせず、むしろおのが身を焼きつくさずにはいなかった。

オーケストラと指揮者

彼のこのような姿勢を評価するオーケストラは多く、あまり永く放っておかないで欲しいと言わんばかりに彼の出演を懇願した。そのような懇請に負けるのがフルトヴェングラーもまんざら嫌いではなかったが、それは彼の探求した響きが彼の内面で活動することを求めるに留まらず、また現実のオーケストラをも必要としたからである。彼がオーヴァーワーク気味であり、絶えず情熱を燃やしていては彼自身が燃えつきてしまうという、はっきりした警告を彼の肉体は発してはいたが、彼がどうして音楽ぬきの生活を送れようか。彼には逃れる道はなかった。

楽譜が響きとなることを求めるように、フルトヴェングラーも繰り返しステージへ突進した。

カラヤンも演奏会のあいまには休息をとった。彼は、例えばヨガなどをやって緊張をとく方法を覚え、そうやって自分を絶好調へ持ってゆこうとした。彼の栄達にしても、それは他人から与えられたものではない。そのために彼が払った努力は大変なもので、自由な時間でさえほとんど落ち着くことができなかった。いや、自由時間にさえ惜しみなく金がかけられたのである。技術的に非の打ちどころのない装備の自動車、飛行機、ヨットに乗ったカラヤンは競争にしのぎをけずり、ここでも最高の成績を収めようとした。彼は高い目標を立て、その線からけっして外れることはなかった。その彼に邪魔立てをするような人間は不愉快な目に会うことを覚悟せねばならなかった。

こうしてカラヤンはこの上なく明るいスポットライトの下に自分をおき、万人に優越することを示し、感歎され、ねたまれた。彼の描く軌跡がどれほど素晴らしく、また隔絶したものであるか、誰でも納得できたのである。

だが、それは一つの面にすぎなかった。つねに成功していなければならぬという強迫観念は大きな不安感の反映であることは簡単に見てとれる。カラヤンがひどくびくびくしていると見てとれるシテュエイションさえもあった。それら一つ一つはベルリン・フィルの内輪話であるが、根本となる動きなら外にいる人にも見てとれた。第一人者でいられなくなるのではないかという不安がつねに彼を駆り立て、自分の実力を誇示し、生きとし生けるものがいずれ迎えねばならぬ老いの限界がはっきりしてくればくるほど、自身を壮麗に仕立て上げさせた。おびやかされている感覚と、異常な成果を求めてやまない気持が代り合って彼の登場を彩った。

だからカラヤンはどの演奏会でも全力を尽くし、聴衆すべてに忘れ難い体験を与える。けっして投げやりになることのない彼は『彼の英雄の生涯』を指揮するのである。

他の指揮者ならば、ある曲に対する個人的な関係は時とともに変化するし、それは当然のことですらある。ある旋律の美しさが、和声の情感が、独特なリズムの揺さぶりがいっとき感激を呼びさますが、やがて特別な体験は色褪せ、印象は弱まり、繰り返しによって緊張はすりへる。だがカラヤンにとって彼の『英雄の生涯』は、たとえ百回演奏されたあとでも魅力を失わない。彼は変わらぬ濃密さで偉大さを追求する。千人の女の愛によってもドン・ファンの幸福はまさなかったと同じように、カラヤンにとっては最大の成功といえども十分ではないのだ。彼はさらに大きな成功を必要とする。生涯の最後までカラヤンは成功に心を奪われていることだろう。

フルトヴェングラーは自分と向かい合う側にオーケストラのソロ奏者、ある楽器群、あるいはオーケストラ全体がいて、対決しながら相互に刺激を与え合うことを好んだ。カラヤンは順応性のある、従順で献身的な奏者を評価したが、だからと言ってフルトヴェングラーのときのオーケストラがもっと劇的でやかましかったということはけっしてない。むしろその逆なのだった。フルトヴェングラーの指揮が最も濃密になるのは繊細きわまる、静かな個所であり、音量の強い個所では響きは抑制がきき、崇高でなければならなかった。カラヤンは静かな個所でも強い表現を求め、フォルティッシモでは無慈悲な大音量を要求しさえした。

ティンパニー奏者たちは皆このことを身に浸みて知っている。同僚のアヴゲリーノスは近年聴覚の酷使のために難聴になった。私は練習の際よく彼の横に腰かけて指揮者の言葉をとりついだ。のちには私自身、大きく激しい音響による、つらい耳鳴りに昼夜悩まされるようになった。カラヤンの演奏会には耳栓をして自分のティンパニーの音から耳を守らねばならなかった。カラヤンが何か話しかけると、私は物わかりよくうなずいて見せたのだが、本当は彼の言ったことはさっぱり解らなかったのだ。彼が何を言おうとしているかたいていは解っていたが、私の聞き違いもあったかも知れない。ただ、その時、カラヤンとオーケストラの面前で耳栓をはずして、もういちど言ってもらったとしたらどうなるだろうか。彼らがどういう反応を示すか、テストしてみる勇気はなかった。医師の診断書ならすぐにもらえただろうが、そうなればベルリン・フィルにさよならを告げる破目になったかも知れない。

何人かの木管奏者も背後のトランペット奏者やトロンボーン奏者が楽器を自分たちに向けたときには、耳栓を使用していた。このようなフォルティッシモの強音が我慢できないという苦情がいくつもカラヤンによせられた。彼は了解して、しかるべく奏者たちの間隔を拡げたが、強烈な音量だけは断念しようとしなかった。だが、私はどうしたらいいのか。ティンパニーを私から五メートルも離して並べるわけにはゆかなかった。

ロンドンの練習の折、ティンパニーがやかましすぎるとトランペット奏者たちが苦情を申し立てた。私はそのとおりだと思ったが、カラヤンは音量は落とそうとしなかった。トランペット奏者の苦境をやわらげるために彼はレコード録音の際に使われるような透明な隔壁をティンパニーとトランペットの間に立てて、音響を分離させようとした。それでトランペット奏者はティンパニーの轟音をまぬがれることはできたが、私は自分が作り出す、時として一二〇デシベルに達するイの音に加えて、隔壁から反射される音まで我慢せねばならなかったのだ。私はカラヤンの意図に猛烈に反対したが、彼も強烈な響きを失いたくなかったので、いやみを言った。あなたはさっさと砲兵隊へ行くことを考えておいたら良かったのにと。その日から私は耳栓をして演奏することにしたが、自分だけがオーケストラの響きから隔離されているとは感じなかった。オーケストラの楽員の素質はさまざまで、頑丈なのもいれば、繊細なのもいる。指揮者の要求に対する反応も千差万別である。

指揮者の二つのタイプ

私の印象からすると、指揮者の多くは気前よくプレゼントを分配する立場に自身をなぞらえているようだ。彼らはわが物である豊潤な技倆をにこやかにきさくに人々に分け与えるのだ。聴衆はもらった贈物に惜しみない感謝を表明するわけである。

しかし、自分を受け取る側になぞらえる指揮者たちもいる。その筆頭はフルトヴェングラーだ。与えられる賞讃に子供のような驚きを示し、度を失った様子すら見せた。彼は事態を支配するのではなく、むしろ事態にとまどう側だったが、その態度は彼が自分を作曲家と考えていることと無関係ではなかった。

指揮者の態度にも二様がある。ある者は輝かしい統率者で、精確に計算した兵力の軍隊を総譜の上に行進させ、攻撃的にあらゆる音栓を動員し、投入すべき人員配置を指示してぬかりなく効果をあげる。主題も、和声も、リズムも聴衆を煽動し、圧倒する機能をになわされている。

また、ある者は周囲に耳を傾ける。音響が彼の心に浸み入ると、それは音符のかたちに留められる。彼はこのような贈物をうやうやしく受け取り、精妙な加工をそれに施して他者に伝えるのである。

フルトヴェングラーとカラヤンをこの二つのカテゴリーに分けようとすれば、前者は偉大な将軍であり、うむを言わせぬ造形家であり、惜しみなく指示を与えて、魂の微妙なおののきすらとらえ、オーケストラから聴衆の耳に届くすべてを決定せずにいられぬタイプだという結論に達するかも知れない。一方、カラヤンはと言えば、敬虔に耳を傾けるタイプで、精妙な贈物にうっとりと心を開き、自身は背景に退きながら、それを他者に伝える指揮者のようにも思える。両者の演奏ぶりは聴衆にそのように映るのだ。

だが、永年二人と演奏をともにしてきた私の認識はその反対である。フルトヴェングラーの身ぶりは彼自身の感動と衝撃の表われであった。彼の行動と存在のすべてが音楽となって溢れ出た。彼の芸術行為は反応ということだった。カラヤンは自分が聴衆に及ぼす影響を意識してコントロールしようとし、自分の関わる行事がどれほど豪華なものであるべきか、基準を定めるのはカラヤン自身だ。彼の生活は言葉の最も広い意味での指揮という行為が動かしている。彼は反応《リアクト》するのではなく、行動《アクト》するのだ。

行動をともにした年月は永いが、それでもカラヤン像を描いて見せることは難しい。駆け引きたくみに自身と数多くの手兵を投入して合戦を演じる将軍のイメージが一方にある。今一つのイメージは小柄で謙遜な彼が巨大な舞台に垂らされたカーテンにすがっている姿で――いまなおカラヤンは彼の能力を異口同音に讃える声を信じることができず、すべて自分の思い通りに行くことをつかみ切れないでいる。

ところが、まさに彼の思い通りに行っているのだ。彼がやりもしなかったことまで、聴衆が聴き取ってくれることすらある。ヴィーンで特別な表彰が行われた際に、讃辞の中に、ベートーヴェンはカラヤンを通じて初めてベートーヴェンになったという文句すら私は聞いたことがある。

似たようなことがザルツブルクにも言える。この町でもベルリン・フィルの人気は異常に高いが、それでも楽員たちはここで次のような冗談を聞かされることがある。カラヤンのファンは、彼がザルツブルクでオーケストラぬきで指揮しても高い入場料を払うだろうという冗談を。

人と話すときのフルトヴェングラーは愛想がよかったが、ステージに立った彼は癇癪《かんしゃく》玉《だま》を破裂させることもあった。音楽する意志で頭を一杯にしている彼は、誰かの心がそこから離れたがっているそぶりを見つけただけで度を失うのだった。練習が定刻どおりに始まらなかったり、楽員の誰かが遅刻したりすることが彼には耐え切れなかったのだ。ケルンの見本市会場での演奏会のときだったが、まだ全員が揃っていないということで、彼は鼻息すさまじくステージを去った。彼をなだめるにはそれだけの時間がかかったが、すべてを水に流したフルトヴェングラーは去ったときと同じ大股でステージに現れ、更《あらた》めて自分の課題にとりかかった。

フルトヴェングラーのそのような面をブリュッセルで骨身にこたえるほど思い知らされたのは、最もきちょうめんだとされる楽員の一人だった。エーリヒ・ハルトマンはいつも練習や本番の始まる三十分前にステージに上がってコントラバスを調弦し、気分を整える習慣だった。彼ほど場所をとらない楽器の奏者たちは舞台裏などで練習していた。練習開始直前にホルン奏者が現れて彼のまん前に坐った。ハルトマンは弓を十分に動かせる余地がないことに気づいて、前の席の男にそれを告げた。ところがその男はホルンのソロ奏者で、まるでこれから父親になる男のように、その種の副次的なことには一切聞く耳をもたなかったし、その上、自分の方も相手のせいで窮屈になったと思っていた。そこでハルトマンはやむを得ずステージを降り、オーケストラの裏方の協力を求めに行った。フルトヴェングラーが指揮棒を振り上げてオーケストラの前に立ったのはこの瞬間だった。彼の脳裡にはもう冒頭の和音が鳴っていたことだろう。その彼の視線がふとオーケストラにあいたすきまに落ちた。そのとき落とされた雷はこの哀れなコントラバス奏者に命中したのだが、彼こそ、練習への準備に必要な敬虔さを欠いたという非難に最も縁遠いはずの人物だったのである。

開始前の緊張

演奏への熱中のためにはどの指揮者も張りつめた緊張を必要とする。練習の始まった、最初の数分間はあだやおろそかにはできない。敵地に乗り込もうという指揮者が、ことにベルリン・フィルを相手にするばあい、ありとあらゆることを考えないはずがあろうか。相手をどう懐柔するか、あらかじめくわしく考えておく者もいれば、口はきくまいと決心し、直ちに陣を敷く者もいる。オーケストラの響きと演奏しようとする曲目に対する期待に胸おどらせているか、自分の考えに賛成を得られまいと怖れているか、また、安心して優越感に浸っているか、ことさら面倒くさそうにふるまっているか、その見分けは簡単につく。ベルリン・フィルに私が入団して間もなくのことだが、アメリカ人の指揮者が指揮台に立った。彼は一言も口をきかず、指揮棒をもたぬ両手を前に構えて、激しい一戦をまじえようという姿勢で、私たちみなが「受け」の構えに入るのを待った。べらぼうに長い指揮棒を頼りにする指揮者もいた。彼らは、私たちの方が多勢であるにもかかわらず、そちらに勝算はまったくないのだと言わんばかりに、指揮棒を振り、私たちにそれを向けた。こういったことは時として芝居でもあるが、また本当の挑戦であることも多い。指揮者とオーケストラの間柄が気持よく行くことなどあり得ないというように。また、指揮者がだしぬけに強引な喧嘩を売って新たな緊張をあおることも時には無意味ではない。いつも平和裡に物を言おうとしていたら、感情のすべてのスペクトルに応じることはできない。

フルトヴェングラーなら、オーケストラの緊張をたかめるために喧嘩を売る必要はなかった――彼から逃げ出せる者はいなかったし、誰もそうしようとは思わなかった。彼はけっして個人を傷つけるようなことはなかったが、ある一定の音楽上のイメージが奏者に理解できず、フルトヴェングラーが堪忍袋の緒を切らして奏者につらく当たったため、その感情を害するというばあいがなくはなかった。だが、そんなことはどちらもすぐに忘れてしまった――音楽をする者は自分といっしょに総譜の中身を汲み尽くすこと、それ以外のすべては二次的なものであるというのが、フルトヴェングラーの前提だった。

カラヤンのばあいも立腹は時としてあった。奏者が欠席したとか、ステージの上で着席の問題で練習の開始が遅れたという時である。そんな時、カラヤンは悠然として待つか、困った情況を片付ける手伝いをした。楽団の組織上に生じた問題では、フルトヴェングラーとは正反対に、ほとんどいら立つことはなかったか、またはそのそぶりも見せなかった。まれにだが、彼も耐え切れなくなることがあった。オーケストラの規律にはたしかに改善の余地が生じたこともある。そんな時カラヤンは掌で、開いた総譜のページを叩いた。そして、苦情はオーケストラの幹事か支配人に伝えて処理させた。むろん、この方がずっと賢いやり方で、当事者のすべてが時間と距離を保ち、あらゆる原因がずっとたやすく解明され、除去できた。意識下にわだかまっていた緊張が突如として爆発するということもめったに起こらなかった。ただ、自分が巻き込まれたと感ずる事件をカラヤンが忘れることはけっしてなかった。そういったことは別の機会に公になった。カラヤンはすぐに侮辱を感じ取るタイプだったから、彼にはいろいろと言ってもかまわないが、そこから個人攻撃を聞き取られてはならなかった。

とはいえ、誰かが公演でミスを犯したようなばあいに、カラヤンが執念深く覚えているということもなかった。彼に対して従順な音楽家なら、カラヤンには素晴らしい耳があるにもかかわらず、間違えても、たとえぞんざいな演奏や歌唱をしても赦《ゆる》してもらえた。そんなことならば忘れてもらえたのである。だが、彼の抜きん出た地位や権限についてほんの少しでも意見を言おうものなら恐ろしい結果を招いた。必ずしも批判的な言い方でなくてもそうなった——演奏をしながらもカラヤンは相手の抵抗を感じ取ったのである。頭をかしげるようなそぶりは気づかれないようにすますのが肝心で、彼にはいろいろとお世辞を使い、異議は控えるようにすればなおよかった。彼に対して従属関係にある人間は、罪を犯してはならないのである。

解釈の説得力

音楽家であれば、眼光を楽譜の裏まで透徹させるというのはちょっとやってみたいことである。ある作品が生まれるに際して作曲家に働いた本来のインスピレーションがどういうものだったか、誰も自信をもって明らかにすることはできない。私はジュゼッペ・シノーポリとベルリン・フィルの練習のことを思い出す。シノーポリは指揮者であると同時に作曲家でもある。練習を始めるに際して彼は、これから演奏しようとする交響曲を書いたとき、シューマンは病気で絶望していた。未来がこれほど暗澹《あんたん》として彼に見えたことはなかったのだと述べた。シノーポリは総譜の中にこの気分を認めて、表現しようとむきになった。ところがベルリン・フィルの楽員たちはこの交響曲をすでにいくども、フルトヴェングラーやカラヤンの下でも演奏しており、彼らの頭にある音楽はそれとはまったく別物で、シノーポリの言葉などまったく受けつけなかった。反対意見が述べられ、はっきりと拒否の声があがり、公演が本当に危ぶまれる状態になった。正論はどちらの側にあったのか。シューマンは作曲に際して絶望的な情況を忘れようとして、すべての苦悩を解消する音の領域を創造しようとしたことだって考えられるではないか。作曲家がその主題をどんな意図で作ったのか、彼が現実に向かい合っていたのか、それとも反現実の世界を築き上げたのか、誰がとことん知りたく思おうか。

フルトヴェングラーがどのような筋道をたどって楽譜の裏まで眼光を透徹させ、その認識をどうやってあれほどの説得力をもって私たちに伝えたか、それは彼の秘密である。彼の解釈が正しかったかどうか、誰も証明できない。フルトヴェングラー自身、自分の洞察を言葉で伝える際にはよくためらった。しばしば彼は練習を中断し、ただ自分の内面に向かって聞き耳を立てたあと、そのパッセージを繰り返した。そのとき、彼の心をよぎったのは何だったのか。彼はいくども反復した。だが、そのあと彼が一つの結論に達したら、私たちは皆納得した。

もしもシノーポリが彼の交響曲の解釈を言葉による説明抜きで明確にしていたか、自分の見方を、ただ解釈の一可能性として押しつけることはしなかったならば、楽員たちはその実験に対して多少は疑ぐりながらも、あれほど拒否的な姿勢はとらなかっただろう。しかし、そうはならず、楽員たちが指揮者に一汗かかせる力競べになったのだった。

ベルリン・フィルの楽員たちは最高の水準に慣れ切っていた。フルトヴェングラーは作品の解釈について私たちを説得するとき、そのやり方には何か解きつくせぬ謎が含まれ、彼の認識というゴールにはけっしてたどりつけないのだった。ある交響曲を何十回も指揮したあとでも、公演のあと、彼はけっして総譜を手から放すことはなく、作品の方でも彼を放そうとはしなかった。

晩年のフルトヴェングラーは、かつて忘れ得ぬ名演を成しとげたことのあるベートーヴェンの『ミサ・ソレムニス』の再演を求められていた。だが、彼は、今は不可能だ、とてつもなく難しいから、と言って断った。以前の演奏がまさに素晴らしいものであったのに、フルトヴェングラーはオーケストラに、自分は作品を更めてわが物にせねばならず、以前の演奏の単なる新版では満足できないと告げるのだった。年齢を加えるにつれて、フルトヴェングラーは自身と仕事に対する要求水準を高めていった。彼の演奏解釈が見事だったのは、もしかするとそれとの格闘をやめなかったためであるかも知れない。まるで生命を賭けているような密度でそれは行われた。芝居じみて聞こえるかも知れないが、彼と関わった人間は誰でもそう感じていた。楽員たちも生命をかけて演奏した。この強烈さが彼らを団結させ、聴衆の心を揺り動かしたのである。

この信じ難い演奏の密度を知るに及んで、カラヤンはこのオーケストラをわが物にしたくなったのだ。ベルリン・フィルを手中に収めたあと、練習の折に彼は、「このオーケストラを指揮していると、がっしりした壁にもたれているような気になる」と言った。つまり、彼はフルトヴェングラーにもたれていたのではなかったか。

ある作品のある個所をフルトヴェングラーは、カラヤンは、どのように理解していたか、若い指揮者から訊ねられたことがあった。私自身の理解したかぎりで彼らに答えてやったが、その機会をとらえて、解釈に実にさまざまな可能性のあることをよく教えてやった。ある総譜を勉強するばあい、指揮者は同一の個所を、たとえそのときは不適当と思えても、いろいろな気分の下に想像してみることで、多くの解釈の可能性を開いておくべきだろう。まったく違った方向の演奏解釈がいずれも正当であり得るのだ。だが、最後にはそういった努力もすべて忘れてしまい、ただ自分の感覚だけに従うのがいい。演奏会のためにはそれ以上やれはしない。歳月がたつうちに作品に対する理解は変化し、深まることだろう。

そのような変化を聴衆がつかまえるのはなみたいていのことではない。だが、作品の演奏時間がしだいに変化することはすでに何らかの意味をもつ。フルトヴェングラーについてはその演奏解釈が変化するような感じはほとんど生じようがなかった。一つの公演が終るごとに、何ら変わりはなかった、変わりようがないのだという感じがあった。どの公演にも生成と成長と完璧さが内在していた。

カラヤンのばあい、変化を認めるのはさらに困難だった。彼の心の中に何か新しいものが生じているかどうか、態度も身振りも何一つ明かしてはくれなかった。それら自体が何十年も変化していなかったのである。それとも私は見逃していたのだろうか。カラヤンは、フルトヴェングラーのように、小節一つ一つを取り扱わず、かなりの時間、音楽に一つの状態を持続させておくのだった。カラヤンは自分が作曲家を気ままに扱うことを禁じていたから、彼自身の感情の揺れはほとんど知覚できなかったのである。

そういうわけで、カラヤンが新しい視角からベートーヴェンの交響曲全九曲をいまいちど録音する意志を示したのは、私には不意討ちであった。しかも、以前の録音でも用いてセンセーショナルな成功を収めたベルリン・フィルという同じオーケストラを使おうというのである。いったいどういうことなのか。その前にカラヤンは重大な手術を受けねばならなかった。その手術に彼が耐えられるのか、そのあと、仕事を続けていけるのか、誰も知らなかった。手術を受けたあとで、以前のベートーヴェンの交響曲の録音から敢えて離れて、浄化された解釈を録音しようというのは法外な企てだった。私たち、ベルリン・フィルの団員はどんな新発見ができるか、かたずをのんで待った。聴衆も好奇心をそそられ、昔の録音と比較するために新盤を買った。

私にとって問題だったのは、カラヤンは手術のあと、ベートーヴェンの交響曲の理解を変えたか、あるいは、彼は重い手術のために自分自身に対する新しい感覚を発展させたかということだった。

この二つの認識レヴェルはこの際どの程度影響し合うのだろうか。新しい録音は古いものと本当に違っているのだろうか。

この点に関する私の認識は言わずにおきたい。指揮者には、ある作品の気分を変化させるさまざまな可能性があるように、聴き手も自身の気分に応じて同じ演奏の千差万別の受け取り方をする。聴衆なら誰もが、その曲の指揮者の思いも浮かべぬようなイメージを音楽によって心の眼に描くけれども、それはまさに彼の勝手である。その気になれば、ベートーヴェンの音楽を聴いて聖書の中のヨブの怖ろしい物語の追体験だってやりかねない聴き手もいよう。カラヤンはふだん自分の感情について語ることはない。だが、このばあい、感情だけが問題となるのだ、交響曲の構造が変化したわけではないからだ。カラヤンはオーケストラに向かって新録音にあたって補足説明はなんら行わなかった。指揮棒の動きなら誰にもなじみになっているし……

ある指揮者が音楽する姿勢に、彼に加えられた運命の打撃や、成熟と衰微のプロセスを認めるとき、オーケストラの楽員は緊張する。私は何十年にもわたり、たくさんの指揮者の成長を体験した。フルトヴェングラーとカラヤンの間に横たわる大きな緊張の場には独特の力があった。これら二人の、根本的に素質を異にする指揮者がきびすを接して続いたことは、オーケストラ自体が望んだことだった。そしてオーケストラはそれにどう片を付けたか、それはこれから明らかになることである。フルトヴェングラーとカラヤンが反発し合ったのは、めいめい相手が強く表現しているものを忌み嫌い、おのれから遠ざけようとしたからである。対立し合い、それぞれに卓越した彼らの音楽の質を合わせ働かせることは理屈の上でなら想像できるかも知れない。

女性心理を扱ったエーリヒ・ノイマンの著作中には、『魔笛』のタミーノとパパゲーノのように異なる素質は互いに補い合うもので、その両方がどの人間の内にも見出し得る、とある。とすれば、二つの異なった性格をあわせもった、例えばタミパゲーノという、たった一つの役を作曲することでモーツァルトは満足できたかも知れないのだ。その人物を、自然的な欲求を満足させようとする自然人として、また別のときは高潔な心で火と水をくぐりぬける苦行をし、高い精神的な目標を追い求める人間として描くことにモーツァルトは何の困難も感じなかったことだろう。それは神々しく崇高なザラストロのばあいでも同じことで、彼は善良で高貴な様子をしているが、彼自身に仕えるモノスタトスはげびて邪悪な行動をする。善と悪とが隣り合って活動しており、これも一人の人間で体現できる。

そこで、どの指揮者にもその内面にいくらかのフルトヴェングラー（音楽への情熱的な没頭）といくらかのカラヤン（多方面にわたる完璧さへの愛と、何よりも自己愛）を持っていると私には想像できる。ということは、フルトヴェングラーにもいくらかのカラヤンが混じり、カラヤンもフルトヴェングラー的な部分を見せるということになる。どちらも、自分の殻に留まっていては満たせない何かを相手が体現し、気をそそってやまなかったからこそ、二人はあのようにいがみ合ったのかも知れない。

指揮ぶりをまねる

さて、ベルリン・フィルの雰囲気はふだんはごく楽しいもので、みんなよく笑ったし、楽しんだ。興奮せずにはいられないような仕事のあとはなおさら面白おかしく、はしゃいだ。

団員のなかには俳優の才能をそなえた人間もいた。彼らは公の、また内輪の席でなかなか独創的な芸を披露して、いつも聴きなれたプログラムに見事なコントラストをそえた。芸のタネは楽団の日常から拾ってきたもので、演奏旅行、演奏会、それに指揮者が好んでとりあげられた。ごく細かなニュアンスまで記憶している様子には唖然となったものだ。確かにオーケストラの楽員は指揮者のあらゆる身振りを認識し、解釈し、音楽に移しかえねばならない。優れた奏者は何一つ見逃してはならないのだ。

俳優の才能のある仲間の一人に大指揮者のまねを専門にしている者がいた。第一ヴァイオリン奏者だったので彼はいつも指揮者のまぢかに坐っていたのである。くつろいだ、楽しい席では彼はその芸で同席の者をたびたび喜ばせてきた。彼の評判はカラヤンの耳にも聞こえ、あるとき、練習の途中で彼の才能が披露されることになった。このヴァイオリン奏者ディートリヒとカラヤンは席を交換した。私たちは彼の芸そのものはよく知っていたから、むしろカラヤンの反応の方に視線は注がれることになった。

最初はバルビローリのまねだった。私たちはサー・ジョンを好いていた。彼は自分のちょっとした、むしろ好感のもてる人間的な弱点を隠しだてしなかった。ステージに登場するときから彼はみなの注意をその左手に集めた。掌を自分の方に向け、親指を上に立て、ほとんど眼の高さにかかげていた。足の運びはチャップリン風に愉快な千鳥足で、緊張のあまり唇をとがらしていた。バルビローリが人差指で自分の眼をさしながら「ルック・アット・ミー」と言ったり、中指を胸の上でふるわせたりするたびに、どれほどの好意と温かさが彼に寄せられるのか、オーケストラの反応にはっきりと読み取れた。ディートリヒはバルビローリを愛情をこめて、いかにも彼らしく演じた。カラヤンの笑い声がいちばん高かった。

次はカルル・ベームの番だった。軽く身をかがめたベームは柔らかくリズミカルに体をゆすぶった。両膝の深い上下動も欠かしてはならなかった。腕は、オーケストラの左右から次々とトスされる音楽のボールをはずみをつけてキャッチした。時には両手でつかまえもした。ベームはその頃でももう若くはなかったが、印象は若々しく、スポーティだった。陽気な気分は明らかにたかまり、カラヤンも喝采の点ではオーケストラに引けを取らなかった。

オイゲン・ヨッフム自身の練習はとにかく陽気で笑い声も聞かれた。はしゃぐ団員の大声をぬってディートリヒの「坊主ども」という、祖父のようなヨッフムが団員を呼びならわしていた呼び名が響いた。ヨッフムの迫力ある指示はフルトヴェングラーのそれを思い出させたが、この巨匠を尊敬するヨッフムは、練習のときのその姿を正確に心にとめていたのである。ヨッフムが四肢を緊張させると、指揮棒がふるえた。両腕が描く、奇妙で、編み棒のような動きは、ときおり、奏者を鼓舞するために唐突にそちらに向けられる激しい刺すような指揮棒の動きが中断した。興奮のあまり、唇と下あごを何やらもぐもぐ動かし、ほとんど宗教的な生真面目さが全身にみなぎっていたが、最後にそれは救われたような微笑に変わった。ヨッフムの演技でもディートリヒは大成功を収めた。

本来はそこまでの演技でみんな満足だった。だが、数人がカラヤンのまねもやってみろとディートリヒをけしかけた。そのとき誰もが感じたのは、この見せものはなかなか刺激的で面白いが、危険もはらんでいるということだった。カラヤンはためらいがちにうなずいた。

ディートリヒは眼を閉じた。両腕はおだやかに円を描き始めた。指示の動きはしだいに力強い、船漕ぎ運動に移り、ついに両腕は響きの収穫をとり入れ始めた。虚空からかき集めるような身振りで、崇高なフィナーレと大歓呼の成功が彼の物になった。ディートリヒは見事に演じた。だが、思う存分に笑おうとするオーケストラに冷水が浴びせられた。カラヤンが半笑いに引きつらせていた表情をついに石のように硬くしてしまった。彼は自分が笑い物にされる一部始終を思い知らされたのだ。それどころか、自分自身のことを笑うように強いられさえしたのである。オーケストラの前で演じられ、映し出された自分の姿のことを。だが、自分の神聖な身振りが比較的たやすくまねられるものであることをカラヤンは認めようとしなかった。

いったい、生まれてくる響きと全然無関係にそのような身振りは行われるものだろうか。そのような指示の運動から、どのような音楽が想像できるだろうか。必然性をもって、この音楽だと言えるものがあるだろうか、それとも、およそどんな音楽でも想像可能だろうか。

オーケストラには、自分なりにそれを解釈する大きな余地が与えられている。聴衆はカラヤンの姿にあれこれとまことしやかな想像をたくましくしている——軽い前かがみの姿勢、閉じられた眼、ほとんど相手に働きかけようとしない身振り、それらは深い謙譲さの印象を喚起し、演奏にほとんど宗教的な刻印を与え、イスラム寺院の単調な聖歌のように心を揺すぶる。この礼拝の姿勢に聴衆も観察者も引きこまれる。

カラヤンはディートリヒの芸を見て、自分が全然理解されていないと感じた。こいつら楽士どもは、自分の正体を見ぬいたと思い、それを笑い物にして歓声をあげてもいいとうぬぼれている。何物も寄せつけぬ、怒りを押し殺した表情でカラヤンは私たちの陽気さを封じこめた。楽しさは凝固して重苦しさに変わった。ディートリヒに与えられた拍手は盛り上がりはしなかった。まったく何の注釈も加えず、カラヤンはヴァイオリン奏者と席を交換し、練習に戻った。この芝居のあと数週間、彼はディートリヒと口をきかなかった。

残念なことにディートリヒはフルトヴェングラーを識《し》ることはできなかったから、プログラムに採り上げることもできなかった。フルトヴェングラーの物まねをカラヤンが見守るようす、それはまさに見物だったことだろう。フルトヴェングラーの身振りとその音楽とはまさに表裏一体をなしていたから、いかにもそれらしい指揮ぶりを音楽ぬきで想像することはできそうになかった。あるアインザッツやパッセージに彼が与える表現について私たちはよく話し合ったものだ。フィルハルモニーのホールが完成する以前にベルリン・フィルが演奏会を行っていた音楽大学ホールのロビーにハンス・ウールマン作の抽象彫刻が立っている。私たちはこの芸術作品に「フルトヴェングラーのベートーヴェンの第五交響曲のアインザッツ」という仇名をつけた。彼の複雑をきわめる身振りから曲の開始やテンポをどう読み取ったらいいのか、誰にも説明不可能だった。このようなスナップショット的神話なら、いくらでも並べることができるが、忘れてならないのは、総休止《ゲネラルパウゼ》をフルトヴェングラーがどれほどの緊張をみなぎらせて指揮し、次に続く音楽を準備したかということである。ディートリヒは二、三年早くオーケストラに来るべきだったのだ……

オーケストラの自意識と責任感

ベルリン・フィルが創立百周年を祝うさまざまなプランを樹《た》て始めた頃、ヘルベルト・フォン・カラヤンと私たちの二十五年間も祝うべき時期に来ていた。オーケストラはカラヤンに対する敬意を記念文集として残そうと思った。祝典委員会は何か特別なアイデアを出すように求められた。この計画がカラヤンの耳に入ったとき、彼は喜ぶどころか、支配人に命じ、オーケストラにこの企てをやめさせるように言った。フィルハルモニーの団員はそれに従ったが、オーケストラによる、自分の統制の及ばぬ敬意の表明をカラヤンがなぜ禁じようとしたか、首をかしげた。彼が見られたいと思っているような姿に団員たちがカラヤンを記念文集の中で描いてくれるかどうか心もとなかったので、文集の計画は中止されざるを得なかったのだ。

オーケストラの楽員はそのリーダーに本当に親しむことはできなかった。彼らは献身的な奉仕を求められていたので、カラヤンがいろいろと愛想よいことを言っても、信頼関係は生じはしなかった。彼が好むのは、いつでも喜んで家来になるような音楽家だったが、彼がリーダーになったベルリン・フィルというオーケストラは、頭抜けた適応能力をもつだけでなく、指揮者に対して自身の強い立場を示すこともできる団体だったのだ。音楽への異常なまでの献身という伝統を団員たちが捨てなかったことで、カラヤンは決定的な利益を得ていたはずである。

ベルリン・フィルは自ら「伝統あるオーケストラ」であると感じている。つまり、その独特の響きと音楽に対する姿勢を維持し、保持していかねばならないのだ。新しく迎えられる楽員はこのような考え方に従わなければならない。彼らは出来る限り若いうちにオーケストラに加わるべきだろう。永い歳月、できれば職業上の全生涯をこの楽団で過ごして、次の世代の音楽家に伝えるべきフィルハルモニーの伝統の担い手になることが望ましい。私たちの若い同僚の誰もがこのオーケストラの演奏の仕方に自分を合わさねばならないが、それは容易ならぬ切換えである。楽員として仮採用された候補者の試用期間が延長のやむなきに至ったこともある。オーケストラ側に彼の能力や適応性がまだはっきりと見えていなかったからだ。こうやって維持されるオーケストラの個性は数十年たってもほとんど変化していない。数多くの、実にさまざまな客演指揮者に素早く順応するこのオーケストラの響きが、それにもかかわらず今日なおフルトヴェングラーを思い起こさせるのである。アメリカでの演奏会のあと、ある新聞は、ベルリン・フィルの団員、ことに弦楽器奏者は、一陣の風が麦畑を渡り、麦の穂を同じリズムで揺すぶる、そんな演奏をした、これは完璧というものだ、と報じた。上体と腕の動きまで稽古してあるのだと想像できる、とその批評家は書いているが、むろん、それは事実ではない。だが、そよ風が等しくみなに触れでもするかのように、楽員たちが一生涯いっしょに呼吸し、感ずることを習えば、そのような印象が生じてもおかしくない。

この批評はある理由から私たちを喜ばせた。当時、アメリカのトップ・オーケストラは完全さの点で私たちに優っていると、私たちは思っていたからである。フルトヴェングラーの下で、正確なアインザッツのため、どれほど私たちはふるえねばならなかったことだろう。完璧な自信は私たちにはなかった。フルトヴェングラーだってそうだったろう。そーの頃のこと、あるイタリアのオーケストラの団員がフルトヴェングラーに、アインザッツを与えるときはもっと勇気を出してやれ、と叫んで元気づけたという話がある。フルトヴェングラーは、効果をどのようにも操作できるといったふうに音楽を扱うことはできなかった。彼はそのつど音楽を求めて格闘しなければならなかった。そしてこの格闘が私たちのオーケストラにも伝わるのであり、それは演奏会ごとに繰り返される、感動的な、ほとんど絶望的な苦闘であった。だから、アメリカで完全さとして受け取られたものは、私たちの一致した献身と、フィルハーモニーの団員一人一人を鼓舞する「戦闘精神」のたまものであった。意識してか、無意識にか、ベルリン・フィルの団員はみなフルトヴェングラーの態度を見習った。

オーケストラの能力をたかめて完璧に近づけるには指揮者による訓練がより普通の道である。演奏を指揮棒にぴたりと合わせる練習が続けられ、正確さは指揮棒を追う視覚によって達成される。聴覚はただ結果を確認するだけで、アインザッツや合奏を呼び起こしはしない。幾層にも重なった生命は徐々にしか楽譜と演奏を満たしてゆかない。そのような生命感がなおざりにされれば、満足な演奏を技術で作り出さねばならない。だが、そんなことでも人気取りには役立つ。

オーケストラを自分の観念どおりに形成し、変化させようというカラヤンの希望はその立場に立てば理解できた。演奏会の水準を維持する責任は指揮者に委ねられている。その結果として、オーケストラの楽員を傭《やと》い入れ、解雇する権限をもとうとするのは、自分の理想を自分に適した音楽家によって実現しようとするためである。音楽家なら誰でも、演奏のために使用したい楽器を探し求めるのと同じように、指揮者も自分の楽器つまりオーケストラを調達するに当たって影響力を行使しようとする。オーケストラをバックアップする市当局者や後援者たちについても、このことは自明の理で、彼らは指揮者を選び抜き、彼にオーケストラの責任を委《まか》せるのである。指揮者に拒否されることを恐れる楽員は彼に仕え、順応し、安全な演奏をする。

昔のベルリン・フィルでは、勤務の重荷に耐えられなくなる年かさの団員を早々と退職させるわけにはいかなかったが、それは老年の生活保証が十分でなかったためである。そのうちに分かってきたことは、仲間を早々と退職させないことが、共同精神にとってどれほど大切かということで、フィルハルモニーの家族精神こそ、あれほど感動的な調べをもたらす、献身的な相互扶助を促進したのだった。だから、自分のポジションの要求を十分にカヴァーできないことを自覚した団員は、いさぎよく自分が現在占めている上席を若い同僚に譲ってうしろへ退くのだった。共同体精神と共同の責任感が強いほど、そのような位置の交換は円滑に行われた。わざわざ勧告されるまでこのようなポジションの入れかえを自発的に行わない楽員はめったにいなかった。自発的な犠牲をいとわない態度こそ、彼らの音楽行為の基礎でもあった。指揮者はわざわざ共同精神を要求しなくても、すでに意欲のある楽員たちが眼の前にいるわけで、あまり権柄《けんぺい》ずくにオーケストラを扱うと、自分を律していこうとする責任感をむしろだめにしただろう。フィルハルモニーの団員たちが誇りに思う、このような伝統こそ、彼らの完璧さの土台なのだった。

フルトヴェングラーはこのフィルハルモニー精神を信頼していた。新しい楽員の採用に際してめったに彼が介入しなかったのは、どのように厳しい基準がそこに守られているか、よく知っていたからだった。フルトヴェングラーの下では、オーケストラは自分たちの民主的な慣習が変更されることを恐れる必要はなかった。もっともフルトヴェングラーは彼がもつ影響力からしても、また契約の上からも介入することはできたのだが。

フィルハルモニー精神の変化

人間カラヤンと芸術家カラヤンとを同じように評価するのは至難ないし不可能であることは繰り返し同僚から聞かされているし、私自身でも知っている。演奏会の聴衆が出会うのは芸術家としてのカラヤンだけだが、フィルハルモニー一家の楽員たちの立場はもっとつらい。カラヤンの素晴らしい能力だけでなく、彼の問題のある側面も彼らは思い知らされている。成功と利益を追求するマエストロの行動のあるものは楽員たちにも伝染し、彼ら自身の関心の方向を変えた。確かにカラヤンはオーケストラの名声をたかめ、収益を増大し、さまざまな安楽さがもたらされるように配慮してくれた。演奏旅行など快適そのものになった。聴衆も批評家も感激するし、楽員たちは短いプログラムを演奏しおえれば、以前ならとうてい泊れなかったような高価なホテルに入る……

ステージに上がっても彼らは千篇一律の繰り返しをやった。ある個所で、演奏が輝かしい充実の結果だったのか、安全運転がやられていたのか、本当に判断ができる聴衆はいなかった。演奏の水準が高いのは自明のことだったから、演奏する都市の大きさと有名さに応じて最終楽章か、ばあいによっては最後の数小節で全力を発揮して見せれば十分なのだった。フルトヴェングラーの下で身も心もすり減るような辛苦にあえいでいた団員にはカラヤンの演奏のスタイルは長所もあった。彼らを悩ませていた不眠症や血行障害がしだいに消えていったのである。

フルトヴェングラーのときには、彼がオーケストラに対して自分を夫として感じているか、父としてか、またはシェフとしてかの問題はどうでもいいことだった。彼自身で言っていることだが、自分はただ音楽家でありたい、そしてオーケストラに融合していると感じていたのだった。団員たちも同じことを感じていた。フルトヴェングラーはただ音楽をやりたかったのだが、団員たちもみな同じ思いだった。その場に居合わせる者皆がフルトヴェングラーの努力に力を合わせたときに生じる統一は、お互いの関係がどうのこうのという余計な詮索をむだにした。

以前フルトヴェングラーの下でも演奏していた元楽員たちと話し合ったことがある。彼らが久しく前から引退していて、私とはずっと会っていなかったにもかかわらず、フルトヴェングラーの思い出が私たちの心をすぐさま寄りそわせた。共通の音楽体験によって私たちの心は今日なお固く結びついている。

将来、フィルハルモニーの団員がカラヤンのことを話題にするときには、思い出のパレットはずっと幅広いものになるだろう。カラヤンと行った、フィルハルモニーの会場や演奏旅行での演奏会の素晴らしさを彼らは熱っぽく思い起こすだろうが、と同時に彼らは、カラヤンが懲戒処分を行おうとしたときに、敢然と反対した、その団結の固さも誇らしげに強調するだろう。また、カラヤンとオーケストラの間の雰囲気に敵対的で拒否的な揺れもあったにしろ、カラヤンの下でのベルリン・フィルがさらに国際的評価をたかめたことでも意見を共にするだろう。

一九八三年の危機のおり、私はカラヤンと、彼のオーケストラに対する関係について文通した。彼の行動から私はいろいろな作品を書く刺激を得た。両者の関係を結婚生活にたとえるのは古いと思った。カラヤンは、子供を厳しく躾けようとする父親であるように見えた。この形容にカラヤンは満足し、この年の六月九日の返信で私に、考えたことを書き記しておくか、または批評家になるといいと勧めてきた。だが、オーケストラの側では、権威的な父親の差し出口や叱責に甘んじる役割は気に入らなかったのだ。生きて行く権利は父親の手からしか受け取れないというのでは、フィルハルモニーの楽員たちには納得が行かなかったし、まして現代は民主平等の時代なのである。彼らは自分らなりの責任の持ち分を必要とした。偉大な父の猛々しい力が魅力と拘束力をもつ時代ではなくなっていた。しかし、いや、その逆で、家族の一人一人は反発を感じ、父親の心配りから逃れようとした。しかし、子供たちは父の家を離れるわけにいかなかった。我慢しなければならなかったのだ。

結局のところ、彼らはベルリン市の公務員なのであり、かつて創立のおりに行ったように、オーケストラとしてこの関係におさらばして、新しく出発することはできない相談だった。

ベルリン・フィルハルモニー・オーケストラ

ベルリン・フィルの歴史はまだ永くない。創設は百年以上前に遡るが、それはオーケストラとその指揮者とのもめごとから発展したもので、いわば「ビッグ・バン」による創世記物語である。楽員たちが独立すると、それまでの指揮者ベンヤミーン・ビルゼも新しいオーケストラをまとめた。この競争に勝つのは主人にそむいた団員たちか、それとも新しいアンサンブルをまとめねばならない指揮者か。「脱出者」たちはみずからの運命を手中ににぎり、自分たちで指揮者を選び、「ベルリーナー・フィルハルモニッシェス・オルケステル」と自分たちを命名し、独自の自治組織を作った。

このオーケストラの誕生は無からの創立ではなかった。楽員たちは以前の演奏会から知り合っており、一致して必要な決断を下す意志と能力があった。以前、団員による投票の結果に議論が残りがちだったので、私もこのオーケストラの投票にしばしば不思議な気持を抱いたことがあった。のちに分かったことだが、投票による意志決定は、投票が冷静な計算に基いて頭でなされるのではなく、燃える心と大きな情熱でなされるために、オーケストラにとって大いに有益だったということである。決定的な影響をもつのはつねに感覚、今日でいえば腹であった。議論の内容は磨き上げられ、証明されていなくても、感動を呼び、心を納得させるものでなければならなかった。

オーケストラが行う決定の中で最も結果の重大なそれは正しいパートナー、つまり適切な指揮者の選定である。このパートナーと連れ立ってオーケストラは公衆の面前に姿を見せ、両者の協力がどれほど実りゆたかなものであるかを万人に示さねばならない。ベルリン・フィルがこれほどの名声をかちえたのは単に幸運の積み重ねのたまものではなかった。この時期に当たって最も適切な指揮者を選ぶについては、まさに全力を傾けていた団員たち自身以上に素晴らしい勘を働かせられる者はいなかった。とにかく、厳しい練磨を先にひかえて選ばれた、ハンス・フォン・ビューローこそまさに打ってつけの人だったのである。彼はオーケストラ初代の首席指揮者に、そして偉大な教師になった。彼以上に、オーケストラの、そしておそらく聴衆の良心的な教育者はいなかったろう。オーケストラの末席に至るまで総譜の指示がすべて音となるように、彼は頑固に努力を傾注した。音楽の性格を繊細な直観でとらえる彼は単に精確な仕事をするだけではなく、作曲家でもあり、芸術の司祭でもあった。音楽のあらゆる問題に超然とした物腰で正しい解答を与え、聴衆に狙いを定め、彼らに挑み、教育し、喜ばせることができた。より高い完成を目指してつねに駆り立てられるために時として苦しみうめくことはあったが、オーケストラがこの人物から得た益ははかり知れない。ビューローを失ったあとの哀しみは大きかった。しかし、彼の死はまた一つの蘇生であり、成功した苦しい仕事のあとの小休止でもあった。

習得した成果を土台に悠々と大らかに建設を進めるのに、後継者のアルトゥール・ニキシュはまさにぴたりであった。ビューローが達成していた、古典派作品の明快な線構成にニキシュはロマン派の陶酔をつけ加えた。彼は音色を扱う名人であり、オーケストラは楽しむことを覚えた。彼の身振りは面倒くさいからだと思わせるほどに少なめだったが、外的にはすべてにバランスがとれていた。楽員との関係が理想的にうまくいったのも、彼が愛想よく、融通がきき、世なれしていたためで、オーケストラは彼の言うなりになった。ほんの些細なもめごとも起きなかったと言われる。ニキシュもまた作曲家であり、室内楽や交響曲を書き、時代を同じくする作曲家に肩入れした。「この時代は何の心配も、重荷となる軋轢《あつれき》もなく、つねに調和が支配していて、オーケストラの最も幸せな時期だった。ニキシュの音楽の解釈は自由闊達で意味深かった。ベートーヴェンの音楽について、彼は、この音楽をただ楽譜に書き留めてある記号どおりに演奏したりすればちょっと我慢できない結果が生じるだろう、と述べた」とペーター・ヴァッカーナーゲルは『ニキシュの時代』というパンフレットに書いている。

作家ハウプトマンは、このような美と輝きにもはやふれなくなった、以後の世代を気の毒がった。

当時のベルリン音楽界は信じられぬほど活発で、とりわけベルリン・フィルの演奏会は圧倒的事件と見なされた。ニキシュの後継者には誰がなるべきか。私たちの首席は誰も前任者より偉大でも優秀でもなく、ただ違っていることが許され、事実、どの指揮者もそうだった。ハンス・フォン・ビューローの時代もそうだったが、ニキシュの時代もすべてを凌駕《りょうが》する独特の輝きをそなえていたため、ベルリン・フィルの首席以外に当時どれほど多くの優れた指揮者がいたか、見逃しそうになる。ブルーノ・ワルターのような人物ならベルリン・フィルの首席の地位を見事に果たすことができただろうし、オットー・クレンペラーやフリッツ・ブッシュの名も話題になった。ベルリン以外の何人かの指揮者にも熱烈な崇拝者がいた。しかし、ニキシュの後継者について解答はただ、ヴィルヘルム・フルトヴェングラーしかなかった。

フルトヴェングラー就任と戦後

彼はヴァインガルトナーとR・シュトラウスと一緒にベルリン国立歌劇場オーケストラの管弦楽演奏会を指揮していたが、この演奏会シリーズの意義をさらに高めることができるのはフルトヴェングラーをおいてないことに批評の意見はすばやく一致した。フルトヴェングラーと言えば、少しでも音楽に関心をもつ人には理解された。彼は崇高な音楽演奏の精髄だったのだ。あのような圧倒的な体験を彼がどうやって達成するのか、人々は不思議に思い続けたのである。昔からよく知られているはずの交響曲がフルトヴェングラーの下ではそのつど新しい経験となった。音楽が彼の心を燃え立たせ、聴衆の心を引きさらった。一人の人間がオーケストラと全聴衆をあのような陶酔にどうやって誘いこむのかは、まったく不可思議であった。ロンドンでは演奏会の最中に聴衆が座席からとび上がった。彼らは度を失い、電気にかかったように呆然としていた。フルトヴェングラーは総譜を指揮するだけではなかった。彼には、その身振りの指示によって、およそ音楽が人間の心の中に呼び覚まし得るすべてを表現できるという類《たぐ》いない能力があった。彼は作曲もする、私たちの首席の三代目であった。

第二次大戦後、セルジウ・チェリビダケがベルリン・フィルの時の人になった。この時期、私たちの苦労は多かった。だが、チェリビダケの下ではそうではなかった。廃墟と絶望のあとに彼は若々しい力と生きる意志を体現していた。彼がこの恐ろしい例外的な情況を利用して、ここで初めて音楽に喜ばしい作用があることを実証し、あらゆる世のつらさを忘れさせようとしているとさえ感じられた。彼は音楽大学を去ったばかりで、世の苦労などまったく知らないように見えた。

しかし、困難ならベルリンには他に山ほどあった。一回の演奏会毎に問題がいくつも起きた。この破壊された都市では楽員の食事すら手段を選ばず工面せねばならなかった。昼間二回行われる練習のばあい、それに参加しているとその間に家に帰ることはほとんど不可能だったのだ。ダーレム区の練習場の近くに一軒の食堂を探し出し、食糧はアメリカ占領軍が寄付してくれた。食事をすませた私たちは元気を注入されて仕事に取りかかれたのである。当時のような飢餓の時代には、この食事を見逃そうとする者は誰もいなかった。そのため、みんなが総《すべ》ての練習に加わろうと骨を折ったものだった。

ヘルベルト・フォン・カラヤンがオーケストラを手中に収めると、新しい技術の時代も始まった。飛行機、テレヴィジョンとレコードが、この音響の魔術師とそのオーケストラを世界中の人間が体験できるようにした。

カラヤンは伝統あるオーケストラの歴史を知っていた。彼は伝統と新しい完璧さとの統一を達成しようとした。彼は演奏の質の向上にあたって何の妥協も知らなかった。彼はなし得るかぎりの最高をめざし、さらに目標を高めていった。そして不可能と見えることがあると、それをまず打開しようと彼は夢中になるのだった。彼はみんなの視線を自分に集め、自分を中心にすえることができ、引っ込み思案のような表面《おもてづら》の背後に鉄の貫徹力が隠れていた。彼の棒は円を描き、打ち下ろされる点がどこにあるか予測すらもさせない。それはフルトヴェングラーのふるえるような棒ふりの技術の作用に似ていて、オーケストラにうむを言わさず耳をすまさせ、室内楽のような演奏の質の高さを獲得する。しかし、フォルティッシモになるとカラヤンは激しい攻勢に出る。そこには何の疑いもためらいもあってはならない。そして、苛酷で冷酷であってもかまわないのだ。いずれにせよ、彼はオーケストラにそれが最後の息をつくまで最高のできを要求するのだ。

今いちどヴァッカーナーゲルの『ニキシュの時代』に戻りたい。彼は書いている、「私たちにとって大事なことはこうだ。ハンス・フォン・ビューローの残した厳しい訓練がなければ、ニキシュは自分の思い浮かべた高度の理想的音響を自分のオーケストラでは実現できなかったろう。これこそ、私たちベルリン・フィルに伴う幸運である……」

フルトヴェングラーにしても、彼の前にビューローとニキシュが築いていた土台の上に成果を築くことができたのであり、同じように、ビューロー、ニキシュ、フルトヴェングラーが先立って仕事をしていなければ、カラヤンも彼が思い浮かべる高度の音響上の理想をこのオーケストラで実現し得ていないだろう。だとすれば、これからカラヤンのあとを襲う指揮者にもおめでとうを言ってさしつかえなかろう。

楽員の生活

オーケストラは燃えるような、まじりけのない行動意欲を、しかし時としては芝居がかったそれも愛した。百二十人の千差万別の楽員たちは溶け合うために強い火花を必要とするが、また指揮者のごくひそやかな暗示に対しても一体となって凝集して反応するさまは息苦しさを覚えるほどだ。誰一人としてただ「演奏に加わる」とか、ただ時おり高い響きの波に身を沈めるだけでは許されず、余すところなくこの統一に身を捧げねばならない。

演奏会がことに素晴らしい成功を収めたあとは、ある楽員はワインの盃をかたわらに熱狂的に仲間と親交を固めるかと思えば、そんな強制的な収奪から一瞬たりとも早く解放されようとすたこら逃げていく者もいる。

ベルリン・フィルは最高の成果をもたらし、また要求する指揮者を求め続けてきた。職業訓練を受けている間は、実際に職業生活に足を踏み入れたときどのようなことが起こるのか、なかなか想像できぬものだが、音楽家ほどに多大の感情的没入を求められる職業は少ない。独奏者、室内楽奏者、そして指揮者であれば、自分で作品に取り組み、造型していく。しかし、オーケストラの楽員となるとその面には限界が引かれる。彼は指揮者が音楽的に感じとったことを音響に変える。彼はなすべきことについて事細かに指示される。自分の呼吸とか感情についてすら指図を受ける。これを充足、充実と感じることもできるが、またたえまない強制だと思うこともある。

私は、自分がまたオーケストラの章の冒頭で指揮者のことを述べたことにふと気づいてびっくりした。オーケストラ自身はそれなりの独立性をもっているにもかかわらず、音楽の霊感を与えてくれる指揮者と自分の職業体験とをまず結びつけるというのが、オーケストラの楽員の悪癖なのかも知れない。

このオーケストラが指揮者ばかりでなく、その団員に対してもきわめて繊細、敏感な反応を示すというのは怪しむに足りないことで、芸術的な側面も人間的な側面同様に働きかけをうける。新しくベルリン・フィルに採用された団員なら誰しも、この自己批判の力のある共同体の中で居勝手が判るまでしばしの時間を必要とする。この爆発性をひめた雰囲気の中で自己主張をするには自身と演奏法を変えねばならない楽員が少なからずいる。そのために、楽器を換えたり、マウスピースやハンマーを換えたりせねばならぬこともしばしばだ。このような個々の楽員の共同責任の上にオーケストラの献身的態度が築かれる。

このような高い成果は、音楽家という職業身分にかなりの社会的経済的地位の向上をもたらした。フルトヴェングラーは金銭に関心をもたなかった。全世界に対してもっていた声望からすれば、彼は自身とオーケストラにもっとましな条件を作り出すこともできたろう。彼は自身の財産とか団員の収入については無知同然だった。すでに当時、楽員たちはベルリン・フィルの国家公務員化を望み、フルトヴェングラーの支持をあてにしていた。彼がベルリン・フィルを愛していたのはその情熱的な献身のためで、そんなものが公務員の作るオーケストラにあるとは思っていなかった。フルトヴェングラーは役人の集まりなど指揮したくなかったのだ。彼は多くのオーケストラを指揮してきたが、彼の希望をかなえたのはベルリン・フィルだった。彼はオーケストラの現状をできれば変えたくなかった。その上、このオーケストラは自分の利害を自身で代表することができた。

一九五七年に私がベルリン・フィルの幹事に選ばれて仕事を始めたとき、このオーケストラは俸給の額の高さの点ではドイツのオーケストラ中でおよそ十番めに位していた。放送局のオーケストラの方が給料はよく、その他に、公務員になっているか、公務員なみの優遇を受けているスペシャル・クラスのオーケストラがあった。ベルリン・フィルがその能力にふさわしい独自の俸給契約を結ぶのに成功するのはまだのちのことである。

都市が大きければそれだけ大きい、楽員の俸給も高いオーケストラを持つべきだ、という賃金契約の規定はフルトヴェングラーの趣味には合わなかったことだろう。そのような規定がしばるとなれば、最高の成果をあげても昇進の可能性はなく、逆に力を抜いても下に落ちる怖れはないのだった。

カラヤンの時代になると、オーケストラの金銭情況は改善された。カラヤンによって副収入も増大した。倹約などと言えば田舎くさいと思われ、トップ・レヴェルにふさわしくないとされた。こうしていろいろな面で欲の深くなったオーケストラを、カラヤンの後継者が満足させるのは並大抵ではあるまい。新しい首席の選挙によってベルリン・フィルには新しい光が当たることになろう。演奏会が終ってステージから去るたびに、今体験したばかりの演奏について私たちの意見はよく割れた。貧弱な成果についてはすぐに一致を見たが、優れた指揮者についてすら、誰彼は何かと難を言うのだった。それほど、私たちは甘やかされ、要求が高くなっていたのだ。

きめ細かな判断を集めようと、演奏会の終了後にアンケート用紙が配られ、すべての団員が指揮者についての意見を書くことになった。練習のしかたがどうであるか、独奏者にどのような伴奏をつけたか、演奏会に関することすべてに点数をつけることになっていた。それまでもフィルハルモニーの団員の指揮者について下す判定は雑誌でも読むことができた。だがそれは個々の意見にすぎず、演奏会の緊張のあと例えばバーのカウンターにもたれての打ち明け話程度のもので、ときとして公正さを欠き、責任ある発言とは呼べないこともあったろう。

しかし、オーケストラは、どの指揮者が自分たちに適しているか、楽員たちがパートナーについてどう考えているか、もっとよく知ろうとした。

そこでかなりの期間にわたって、すべての楽員がこのアンケート用紙に記入することになった。彼らにしても、何の準備もなしに新しい結婚生活の冒険にとびこみたくはなかったのである。結果は外部の人には知らされなかったが、他のオーケストラで似たような調査をしたとすれば、きっと違った結果になったろう。何のためらいもなく指揮者についての成績表を書けるのは団員の中でも少数にすぎなかった。この種のアンケートは各指揮者の専門の程度については教えてくれるが、性格的な面は判定が困難だった。何よりも、たかが一、二回の演奏会のための仕事であれば、まるで日曜日に出会うようなものであるからだ。この本を書くことにしても、このアンケートに答えるのと本質的な違いはないのである。

カラヤンについてつねに評価された特別な点は、彼の仕事ぶりと要求が情容赦もなく、論理が一貫していることだった。

フルトヴェングラーも楽員を酷使したと言っていいが、オーケストラは喜んでそれに耐えた。彼はちょっと目まぜしながら、平気でよく次のような話をした。オーケストラが長い旅程のあと疲れ果て腹をすかして次の町に着く。トランクをホテルに置き、軽い食事をとる暇もないとき、または、ステージの上が狭くて楽員がお互いの邪魔になるといったとき、いちばん見事な演奏会ができた、とフルトヴェングラーは語るのだった。その当時、スペースが狭くて席をつめ合うというのは比喩の上だけの話ではなかった。また空腹や疲労もよけいな考えを起こさせなかった。ただ一つの考えは、渾身の力でシンフォニーを演奏することだった。それがフルトヴェングラーの気に入った。彼は「享楽家」だったのだ。この話を彼はにやにやしながら物語ったが、そのような情況をわざと彼は作り出したのではなかった。演奏旅行の統制と組織はオーケストラの幹事会の仕事だった。だが、当時は快適な旅行はまだ高嶺の花だった。

そのフルトヴェングラーが演奏会の間どれほどその楽員を駆り立てたことか。彼が、落ち着いた快適な暮らしのための指揮者などではなかったことを、誰が知ろう。だが、誰もが彼の指揮を希望した。採点してみれば、彼は各地のオーケストラで最高点を得たはずである。私たちがフルトヴェングラーと「結婚」していることでヴィーン・フィルの団員たちはねたましげに私たちを見た。幸いなことに彼らはフルトヴェングラーの恋人をもって認じ、それを誇りにしていた。

楽員たちは、優れた指揮者のためならどんな困難や苦労も引き受けようという気になる。カラヤンはそのため、何の妥協もなく最大能力の発揮を要求できたのである。彼は彼の事業の収益にオーケストラの取り分も認めていたから、彼の立場は悪くなかった。カラヤンがベルリン・フィルをザルツブルクに伴うことがしだいにしげくなり、この都市との結びつきが密接になった結果、団員のある者はカラヤン邸のすぐ近くにセカンドハウスを建てたりした。そして、ザルツブルクや、日本、アメリカへの演奏旅行はまさに勝利の進軍となった。これがカラヤンとベルリン・フィルの最も幸せな歳月なのだった。

カラヤンが団員の多くに模範と考えられたのも自明のことだろう。本来はまったく別の領域に属する演奏会のプログラムとレコードの録音とを結びつけたカラヤンの手腕によって彼らは利益を得た。元来ベルリン・フィルの団員は副収入についてはその場限りの時間給をもらうだけだった。だが彼らも知恵がついて、売り上げから印税をもらうようになり、カラヤンが演奏旅行の途中、方々の都市で自分のザルツブルク復活祭音楽祭の宣伝をする記者会見を行うときには、ベルリン・フィルの団員はその宣伝に喜んで加わって人垣を作った。以前なら、記者たちはなかなかカラヤンに近づけなかったものだが、今度はカラヤンの方から丁重に記者たちを招き、進んで情報を提供した。しかし、復活祭音楽祭がうまくいく見込が立つと、彼はまた人間嫌いになった。ベルリン・フィル自体はそれまで無縁だったオペラのオーケストラの才能も発揮して多くの人々を驚かした。始まるときの事情はザルツブルクの聖霊降臨祭音楽祭についても同様だった。カラヤンは傑出した指揮者であるばかりでなく、興行主じみたものにもなった。

芸術上の可能性ばかりでなく、技術上の、商業上のチャンスもぬかりなく利用すれば、どれだけの利益があるか、誰も分かってきた。聴衆は感動し、後援者のサークルは大きくなり、批評は一転して賛辞を連ねるようになった。たくさんの最高級の形容詞に支えられたかたちのカラヤンは深い感激と感謝の気持を表明した。そのような栄誉を受けるとき、彼は必ずベルリン・フィルの団員たちにも言及した。みんな仲好い時代だった。

フルトヴェングラー、あるいはカラヤンとベルリン・フィルのことを物語るのであれば、このオーケストラの支配人たちのことも扱わずにはすまない。今日では支配人になるのはたいていは法律家である（ベルリン・フィルのばあい、深層心理学者だった方がいいのだが……）。私がベルリン・フィルの団員になったとき、支配人はゲールハルト・フォン・ヴェスターマン博士だった。彼は作曲家で音楽学者だったが、自作をベルリン・フィルで上演させることを許されていなかった。私的な行為を主たる職業に結びつけることは禁止されていたからである。オーケストラも、支配人は作曲家や指揮者としての手腕があっても、それを職業として用いてはならないと決めていた。

ヴェスターマンは非常に人あたりが柔らかく、悠然とかろやかに仕事に取り組んでいた。彼は他人を傷つけるようなことはせず、悪意のない質問はするが、いつも笑顔を絶やさなかった。彼は相手を信頼して、いろいろな課題を部下に任せることができた。自然に心を開くその態度は部下を、彼を失望させてはならないという気にさせた。こうして彼はベルリン芸術週間を作り上げ、主宰しながら、他方で自分の作曲や執筆もやりとげたのである。彼は余暇を見つけて、芸術家の誰とも親しい関係を結んだ。

さまざまなエージェントは彼とうまくいくか、さもなければ全然姿を現さなかった。ヴェスターマンは自分の評価に自信をもち、それを率直に他人の評価と交換したが、つねに善意が伴っていた。フルトヴェングラーとの折り合いもよく、どちらも創造的気質の持ち主なので、音楽についての考えも似ていた。

当時、ベルリン・フィルの事務所はダーレム区の小さな一戸建ての家に収まっていた。三人の従業員しかいないちっぽけな事務所だったが、いちどの事故も私は経験したことがない。今日、フィルハルモニーでやっているお役所仕事はその何倍もの人員を必要としている。

晩年のヴェスターマンは病気が悪化し、肺の麻痺が体力を弱めた。一九五七年のカラヤンと一緒の日本旅行にはまだ参加できたが、それ以外は、私たちだけで演奏旅行に行かせることが多かった。オーケストラ自身も自立していて、団員たちの責任感と知識によって支配人の仕事も果たしていくに十分だったし、それは過去に実証済みでもあった。管理規則に明記されてあるとおり、オーケストラの幹事会は支配人を代理することができた。その当時のヴェスターマンの言葉で特別に印象に残るものがある、「出演料が高いために指揮者や独奏者がベルリン・フィルへ来るというのはよくない。ベルリンにいる私たちは出演料の高さで他の都市を凌駕《りょうが》することはできない。たとえできても、そうすべきではなかろう。ベルリンへ来てこのオーケストラと協演しようと言うからにはもっとましな理由がなければならない」そして、ベルリンへは傑出した音楽家はすべてやって来たのである。一方には自己の見解を強烈に主張できるオーケストラがおり、他方には自分の指示が守られることを望む、オーケストラの芸術上の指導者である首席指揮者がいる。支配人の活動する余地はその中間にあった。指揮者とオーケストラをひどく刺激せずに、この地位にいて自分のアイデアを実現していくのはちょっとした曲芸であり、総支配人は老練な外交官でなければ勤まらなかった。

ヴェスターマンの後継者は疑いもなくその老練な外交官のような人物だった。ヴォルフガング・シュトレーゼマン博士の父は評判の高い首相および外相だったグスタフ・シュトレーゼマンで、息子の生涯に格別の影響を残した。父は早くから息子に政治の世界の事情と決定のプロセスを垣間見させたから、子が父を賞讃し、尊敬するのは当然と言えた。こういった出自のヴォルフガング・シュトレーゼマンがベルリン・フィルの支配人になって、同じような尊敬を払われる別の父親的人物と相対するようになっても困ることはなかった。そのような姿勢は彼のカラヤンに対する関係にもきっと影響していよう。シュトレーゼマンは法律家であり、指揮者で音楽著述家であった——前任者のそれに似た、幸せな組合せである。彼はブルーノ・ワルターの弟子で、永年アメリカにいて、楽壇の情況を批判的に詳しく調べた。戦後、彼はベルリンのラジオ・シンフォニー・オーケストラの支配人に就任した。私たちはまず指揮者としての彼を知った。そのあと、一九五九年、私たちのオーケストラの支配人に内定したとき、新しい任務につくことが彼の指揮者として経歴の終りであることを説明する役を私が引き受けた。この断念がたやすくできたとは思えない。だがその後、一級の指揮者が彼のまわりに集まり、彼は彼らの世話をして、自分の知識を見事に活用できた。父シュトレーゼマンからブルーノ・ワルターを経てカラヤンに至った彼の経歴の転変は私たちに利益をもたらした。ベルリン・フィルの首長として支配者の役を演ずるカラヤンとのつきあいは有名な父とのそれよりも難しかったに違いない。しかし、シュトレーゼマンはこの危険な航路のすべての難所をうまくかわすことができた。それは、激しい嵐の際にも舵取りの行動を理想化して考えることができたためだろう。カラヤンやオーケストラの態度は、シュトレーゼマンがその姿勢にうかがわせるよりもはるかに彼の心を傷つけずにはいなかったように、私には感じられた。もしかすると、そういった無理強いも、彼からすればわざわざ異を唱えるほどに異常ではなかったのかも知れない。

彼の著書『そして晩にはフィルハルモニーへ』の行間には時として彼の辛苦が読み取れる。そこには私がヴィーンのカラヤンの所へ行ったことが書かれており、怒り狂う巨匠を国費でなだめる役の私を「和解の王子」と呼び、カラヤンを「雷神ユピテル」と名づけたのは同じく彼の見方だったが、カラヤンがお目当ての楽員を傭《やと》い入れようとし、ヴィーンで私がなだめに回ったときの彼の怒りの爆発がこんな書き方の由来である。

当時、ベルリン・フィルのパリへの演奏旅行の成否が問題になっていた。支配人は演奏旅行の技術上、組織上の準備の責任があり、それを迫られていた。しかし、彼は行動を控えて、カラヤンとオーケストラの交渉の結果を待っていた。彼はカラヤンがただの空騒ぎをしているにすぎないことを見透かしていたのだろうか、それとも別の理由からこの紛争から身を退いていたのだろうか。支配人が代ってこの争いを引き受けてくれた方がカラヤンには好都合だったことだろう。シュトレーゼマンはいつもカラヤンの旗を高く掲げてきたが、この時の対決には介入しなかった。

それは確かに賢明だった。一方の肩を持てば敵も出来ただろうから。待機の姿勢をとることでシュトレーゼマンはオーケストラにも、カラヤンにも逃げ道をあけておいたのである――カラヤンとオーケストラの間の問題に他の誰がくちばしを入れようか。

若い支配人の企て

シュトレーゼマンの後任はペーター・ギルト博士で、法律家、音楽家であり、当時はドイツ・オーケストラ連盟の事務局長をしていた。著作権問題が専門でチェリストでもある彼はオーケストラや音楽家との交渉に多大の経験を積んでいた。そういったことはベルリン・フィルの支配人としても優れた条件だった。彼は感激と夢と最上の決意をもって新しい任務に取りかかった。彼は、オーケストラが適切な支配人を望んでおり、自分はその地位について斬新で良い成果をあげることができると思っていた。彼の与える若々しい刺激は歓迎すべきものに思えたし、その上、彼には冒険する勇気があった。二つの大きな椅子の間の彼の席が実際にどれほどちっぽけであるか、当時の彼には見とおせなかった。前任者との引継ぎの話と関係書類はごく簡単なもので、あらゆる危険の源に注意を向けさせるには不十分だった。だが、それが部厚い一冊の本であったにせよ、多くの難所にあらかじめ対処するには足りなかったろう。この支配人は、あらゆる出来事に注意力を注ぎながら、支配人という自分の職名を文字どおりのものだと受け取っていたのだ。

ギルトは総ての演奏会を録音テープに記録し、保存しようという計画を樹《た》てて大騒ぎを引き起こした。例えばフルトヴェングラーや偉大な客演指揮者たちの演奏会を現在の演奏と比較できたらいいとは思う。フルトヴェングラーの演奏の数少ない録音は引張りだこである。著作権の専門家であるギルトは、この件で何をやったらいいか、自信をもっていた。彼は演奏会の実況録音について指揮者と独奏者、独唱者の了解をとりつけ、オーケストラには単にそのことを報《しら》せた。支配人と言えばフィルハルモニーの家長であり、スタジオの録音を始めさせたとき、彼はオーケストラの意を体して、マイクロフォンを吊り下げてもいいと思っていたのだ。しかし、それは誤っていた。彼は自分のアイデアをカラヤンとオーケストラに提示して、与えられる指示を待たねばならなかったのだ。

すでに行われていた録音を抹消し、その先の実況録音が禁じられたことに彼は納得が行かなかったが、ある人々も同じ思いであったかも知れない。また、楽員が休暇を取る際の認可も支配人の職務だったが、それは前もってオーケストラの幹事会が目を通して承認の署名をする必要があった。演奏会の出演メンバーはオーケストラが調整して決める事項だったからである。だが、もし、そうやって署名された休暇つまり休演の願いを支配人は拒否できただろうか。とすると彼の署名の効果はどうなるのか。というのは、オーケストラの幹事会の一人が、ベルリン・フィルの団員から成り立っている室内オーケストラとアメリカ旅行へ出ようとして、自身の休暇願に署名した。演奏会はとっくに予告されてあった。しかし、支配人はこの願いを拒絶し、この件ではカラヤンを後楯にした。だが、別のばあい、仮にカラヤンとオーケストラの意見が一致したようなばあい、彼のとり得る手だてはわずかしかない。それでも彼は、使用者側、つまりベルリン州政府の利害を代表しなければならないのだった。

カラヤンが病気で倒れたとき、重要ないくつかの芸術週間の演奏会を救うために、支配人はダニエル・バーレンボイムを指揮者に立てたが、このニュースでカラヤンはショックの余り、病気がほとんど治ってしまうほどだった。ダニエル・バーレンボイムはある席で、自分はフルトヴェングラーの後継者だと名乗ったという噂があり、そのバーレンボイムは断じて契約してはならなかったのだ。カラヤンにはそれが赦《ゆる》し難いことに思えたのだろうが、本来は笑って済ませればよかったのだ。フルトヴェングラーの後継者としての契約書は彼のポケットにあり、永年にわたってその契約を果たしてきたのだから。それともバーレンボイムは音楽上の路線を継承することを言ったのか。いずれにしても、バーレンボイムはカラヤンの痛いところを突いてしまった。カラヤンはフルトヴェングラーとの比較なぞ金輪際望んでいなかった。バーレンボイムはカラヤンのライヴァル問題を蒸し返したのである。

このような微妙な問題の数々をあらかじめ支配人は承知して、もめごとを避けねばならなかったのだ。しかし、彼が交渉する相手となるチェリビダケやクライバーやその他もろもろの人物がどれほど神経過敏であるかを彼が知っていたとしても——デリケートな局面に対処して進んで正しい手を打つことはことのほか難しく危険をはらんでいた。支配人はつらい立場にあった。だが、ギルトがオーケストラを彼なりに厳しく統制する気でいることにカラヤンが気づいたとき、支配人はカラヤンの「部下」になった。それまでにギルトは、オーケストラとその指揮者カラヤンとの間にどれほどの緊張がわだかまっているかに気づいていた。この向かい合う二つの前線の間の静かな極となるには、彼はおそらく若すぎたのだろう。両者を満足させることは彼の力には余り、行動にはやろうとする人間にはこの情況では不可能であったろう。意見のくい違いがさらに重なってオーケストラとの関係はさらに硬化していたので、ギルトとしてはカラヤンと結ぶ道しかなかった。カラヤンは公然とギルトの後楯となり、ギルトはカラヤンの特別な援護によって、心強く感じたのだった。

支配人の話を私はここで中断し、例の大危機の話を述べる際に続けたい。だが、そこへ移る前に、私のテーマとも関係するが、また大学紛争の問題とも関係するなりゆきに触れてみたいのである。

音楽学生たち

ベルリン・フィルはナチスの時代を比較的うまく凌《しの》いでいた。困難が最も明らかだった時代でも本来の使命をはたすことができたが、フルトヴェングラーも権威者の強圧的な干渉に対してほとんど完全にオーケストラを守ってくれたものだった。ナチスの支配が終って初めて、無制限の権力など何物をもってしても正当化できはしないことが、ごく疑ぐり深い人にもはっきりしたのである。束縛を押しつけてくる支配機構に対して人々は一般に敏感になった。権威的な姿勢に対する闘争、議会外野党や大学生の反乱は上からのさまざまの監視や迫害に対する嫌悪感の現れであった。いまなお個人として権力の行使を夢見るような者は、その意図を偽りのスローガンで隠しておかねばならなかった。責任ある地位にいて他人に命令を下す立場の人間は新しい潮流をよく観察し、もし可能ならば自身を教育しなおす必要があった。それは、芸術の分野でも変わらず、支配人や指揮者もお目こぼしには与《あずか》らなかった。

ベルリンでは、音楽大学の学生たちがフィルハルモニーの団員たちの、その首席指揮者に対する反抗的姿勢をよく知っていた。彼らも特定の教授を教師として受けいれることを拒み、彼らのオーケストラの将来の指揮者は試験的な指揮をさせたあと彼ら自身で選ぶ権利を要求していた。一九六九年のこと、音楽大学の学長の電話が私を驚かした。音楽大学のオーケストラが私を試験的な指揮に招くことを決定したというのであった。

その間音楽大学でどういうことが起こっていたか、私にはさっぱり分からなかった。私が在学していた頃なら、そのようなやり方は想像もできなかったろう。私は新しい情勢を知ってみたい気をそそられた。

なぜ学生たちは私を招いたのか。この音楽大学で私は指揮法も勉強していたが、指揮の実地の経験はそう多く積んでいなかった。彼らは当局との対決のために私の助言を必要としたのだろうか。権威との対立で問題をかかえていたのはフィルハルモニーの団員たちばかりではなかった。この時点で、私はオーケストラの幹事としてすでに私なりの経験をもっていた。当時、私は自分が関わり合う誰をも満足させねばならず、また、そうすることができると思っていた。

管弦楽曲『オーケストラの総会』

学生たちは私たち、ベルリン・フィルの民主的な慣習の執行の様子を『オーケストラの総会』という作曲を通じて知っていた。この作品は私が、新しい「フィルハルモニー」のホールの新築落成式に際して同僚たちに献呈したもので、初演は私の指揮の下、ベルリン・フィルの演奏会で行われた。

ベルリン・フィルの楽員総会で耳にすることは時としてわが身にこたえた。しばしば同僚たちは自分の立場をきわめて情熱をこめ、攻撃的に表明した。言葉による攻撃ではお上品ぶったりすることはなかった。問題が起きるのは新入団員についての投票のときとは限らなかった。むしろ、それはごく簡単に意見の一致を見たのである。

オーケストラの同僚の闘争的な議論を音楽におきかえていく、この作品の作曲の仕事のなかで気づいたことは、弦楽器奏者は例えば金管奏者とは物の言い方が違うということだった。フルート奏者は言葉をせかせかと雄弁に並べるのに対して、例えばコントラバス奏者が意見を切り出すのは場と落ち着きが確保されてのことだった。管楽器のソロ奏者なら自分の説得性のある見解を披露するのが待ちきれなくていらいらするが、並みの弦楽器奏者ときたら自分の意見があっても表わさずに辛抱するが、もし発言に踏み切ったならそれはまさに一匹狼的勇気の発揮と言えた。いったい音楽家は自分のメンタリティに合わせて楽器を選択するのか、それとも歳月のたつうちに自分を楽器の性格に順応させ、人間と楽器の性格が驚くほど一致するようになるのだろうか。この作曲の仕事を進めるうちに、かつて総会で味わった腹立たしさはむしろ楽しみに転化していった。

いずれにせよ、この曲の演奏が私が音楽大学へ招かれる道を開いたのだった。では、今や誰がそこでは発言権をもっているのか。フィルハルモニーの団員はその民主主義の理解によって学生たちの手本となったのか。

私は試験指揮に合格し、学長は私に契約をくれた。だが、私は単に演奏会とオペラを練習し上演するだけではなく、音楽大学の因習に対する抗議に学生たちを踏み切らせたものが何であるかも知ろうと思った。

指揮者の権力を削って、それをオーケストラに委譲するだけでは何の解決にもならない。よりよい理解と協力が作られ、生じなければならない。

学生たちはフィルハルモニーの情況に精確に通じていた。そのようなものを音楽大学に移すために私を連れてきたのでないことは確かだった。例えば彼らは、カラヤンの練習ぶりを知っていた。マエストロが演奏会の準備を進めているとき、学生はよくその場にいることを許可された。オーケストラの学生はエキストラとしてオーケストラに、指揮科の学生は聴衆としてホールにいた。指揮者の卵が傍聴していると、ベルリン・フィルの楽員はあまりうれしくなかった。巨匠から学ぶ機会を惜しむせいではなく、練習のやり方が変るためだった。そんな時、カラヤンは、オーケストラ奏者たちはこう扱えばいいんだということを後輩たちにこれ見よがしに示す態度をとるからであった。

私はオーケストラ科、指揮科、作曲科の学生をゼミナールに招き、みんなで彼らの現在と、将来の職業生活で生ずるはずのすべての問題を論じようと思った。学生たちはそれまでに多くの点で要求を貫徹していた。いったい将来に彼らは何を達成しようとし、またできるだろうか。どの科の学生にも現在の彼らの可能性を評価し、刺激を他に与えることを学んで欲しかったのだ。

このときに学んだ創造的な相互の理解、協力は新たな権力闘争の事態になったとき、よりよい論拠を展開するのに役立つはずであった。

危機へ至る道

あの危機への道を準備したのは大小さまざまの不一致であり、それらがカラヤンとオーケストラの間の、そしてオーケストラ自体の内部の空気を変化させていったのだった。指揮者ならば、ソロ奏者の位置にある楽員のどちらが自分の指示に快く従うか、精確に分かる。だが、客演指揮者は自分の演奏会で、どの楽員がどの席に座るか、配置についての希望を述べることはできない。それができるのは首席だけで、カラヤンはこの権利をふんだんに行使した。フィルハルモニーの楽員の内から第一プルトを選び出すについては芸術上の理由が決定することは当然と考えられる。だが、やがて人々が気づいていたことは、カラヤンが一部の楽員を優先していることで、残りの者たちは差別待遇を受けたと思い、それが当然のことながら緊張を生むもとになった。カラヤンは楽員の取り扱いについて、ほとんどその気持を汲み取る態度を示さなかった。彼がもっぱら要求するのは従順ということで、彼が楽員を選ぶと、彼が総譜を丸暗記したのと同じように自分のパートを暗譜したスペシャリストが出てきたが、このような長所にはかなりの短所がつきまとったのである。

多様なプログラムをオーケストラの独奏楽員が自分たちで分け合うのならば、ほとんど問題は起こらない。長所とか好みに違いはあるものの、どちらのソロ奏者もすべてを学習し、できるかぎり包括的かつ多彩に実現しようと努力する。ところが、第一席《プルト》に欠員が生じたり、若い方の楽員がまだ練習を必要としたり、あるいはまた、誰かが病気その他の理由で役に立たなくなったばあい、ある作曲家の作品ばかりをやっていたスペシャリストを彼と完全に等価の楽員で置きかえることははるかに難しくなる。

ある演奏会に適当な楽員を選び出すことがカラヤンの権利であるとしても、それをやりぬく方法がしばしば侮辱的であると受け取られるのだった。関係者全員の理解できるような公正な解決はめったになかった。下げられた楽員は不安になり、そこで生じた緊張がミスを生じさせ、その結果、更《あらた》めて指揮者の判断が「やはり正しかった」ことが証明されたことになった。フィルハルモニーの楽員はカラヤンの楽員配列案をいつも恨みを抱いて受け取った。というのは、彼らの献身的な共同責任感という貴重な宝が演奏会にはそれにふさわしい扱いを受けて取り入れられないからである。カラヤンはたやすく自分の指示の正しさを証明して見せた。だが彼が命令的に楽員を扱って成しとげた結果は私たちの視点からすると、折々の演奏会の役にほとんど立たず、士気にははっきりと影響を及ぼしたのである。

それと同じような影響をオーケストラが感じたのは、楽員に採用される候補者が試験演奏をカラヤンの面前で一人で繰り返さねばならぬときだった。それは応募者のある者にとっては、耐え切れぬ苦痛だった。彼は、オーケストラの面々の前で弾いて合格したことは知っている。しかし、マエストロが祝福してくれないことには何にもならないのだ。オーケストラの前の試奏からカラヤンの前のそれまでときとして数週間があった。この間の不安がマイナスに作用するのだ。二度めの試奏はうまくいくことが珍しく、応募者のある者はこの神経への負担のためにその能力をはるかに下回る演奏しかできなかった。そしてカラヤンが、オーケストラは判断を誤ったのではないかといった非難を浴びせるようなことになると、私たちは困った立場に立つことになった。このやり方が無茶であることをカラヤンに納得させ、応募者にこの手順は省いてやれるまでには大変な苦労があった。

えこひいき

自分たちのコンサートマスターや独奏チェリスト、また他のパートのソロ奏者がオーケストラ外の独奏活動で成功を収めることはオーケストラの全員にとって喜ばしいとされてきた。以前、コンサートマスターはそのポジションを跳躍台と考えて、できるだけ早くソリストだけの活動に移り、オーケストラ内での活動をやめようとした。今日では事情は変った。ベルリン・フィルを辞めて出ていく人はめったにいない。ソリストとして活動して回ることは好むが、自分の家であるベルリン・フィルを捨てることはしない。職業上の利害と私的な利害とを一致させるのは誰しも望むところである。カラヤン自身が、同時にいろいろな関心を追求できることの範をフィルハルモニーの団員たちに垂れてきたのだ。コンサートマスターのポジションにあると、いずれにしてもその契約は並の団員と違って特別なものになる。ところがあるコンサートマスターが特別の特別契約を要求し、カラヤンもいちどそれを認めてしまったので、彼の賛同を撤回させることは不可能になった。支配人と州当局も特に口を差しはさまなかったので、オーケストラの幹事会もついにこの決定を呑むことになった。いちど高い要求を掲げて達成した者は、もう成果を手放そうとはしなくなる。ベルリン・フィルのコンサートマスターたる者、オーケストラがそれを免除してくれた以上、よけいな義務を引き受けたりしようか。この人物はわずか月一回のベルリンでのコンサートでしか弾かない慣例をほとんど作り上げてしまった。それもたいていはR・シュトラウスの『英雄の生涯』で、この曲はこのコンサートマスターに給料の他に、ソロ演奏のための特別手当まで与えるのである。

この特別待遇はむろんオーケストラの中で気づかれずにはすまなかった。似たような野望を抱くソロ奏者は何人かいた。弦楽器にせよ、管楽器にせよ、ソロ奏者はしだいに独奏家のようになっていった。純粋に芸術上の見地からはそれは喜ばしいことだが、カラヤンのそれに引けをとらないような要求的な姿勢が拡まっていった。ベルリン・フィルの名を嵩《かさ》に着て、新しい活動の可能性がいろいろと考えられた。外部からの促しはいくらでもあった。それにオーケストラの中にもこれまでずっと室内楽の団体は存在した。数々の傑出した弦楽四重奏団、管楽アンサンブル、二重奏団からベルリン・フィル八重奏団までが世界をまたにかけて歩いていた。新しい団体も結成され、すぐに評判を呼んだ。

実は、ベルリンの東西の間に「壁」ができたあと、オーケストラの規模が拡大されたため、団員たちは自分の意図のためによけいに時間を割けるようになっていた。当時、多くの音楽家が職を失った。西部に住んでいた者は東部の職場を失い、その正反対もあった。両市部の往き来を許されたのはごく少数だった。失業した音楽家を収容するために西ベルリンの各オーケストラは増員を行った。ベルリン・フィルには新たに十五人の定員が割り当てられたから、各楽器群ごとに奏者が一名増えたわけである。以前、フルート、オーボエ等にはそれぞれ四人の奏者がおり、演奏旅行では毎晩出演した。総譜に二人しか要求してないときでも、後半つまり休憩のあとでは倍の編成にした。二人のコンサートマスターと二人のチェロ独奏者にしても同じことで、つねに出演していて、ただ二人のうちのどちらが内側に坐るかきめればよかったのである。

しかし、オーケストラ外の室内楽活動についても見直しが行われた。ある室内楽団体はオーケストラの演奏旅行と組み合わせて行く先々で出演することすら計画するようになっていた。ベルリン・フィルのソリスト・アンサンブルや室内楽アンサンブルの評判がたかまり、成功を収めていた。ところが、ある楽器群の数人の奏者が私的な目的のために休暇を申請すると、期日がかち合うことも間々あった。この申請はオーケストラの幹事と支配人の許可を必要とするが、許可は原則として気前よく与えられた。個々の楽員の名声はオーケストラに返ってくるのであり、結果としてプラスになっていた。

オーケストラの中のオーケストラ

本来、ここらあたりで限界を設けておくべきだったのである。成功の経験が重なり、余暇が増せば欲も深くなってくる。オーケストラの演奏会が楽員個人の活動で損害をこうむらないよう、支配人とオーケストラの幹事は一線を引くべきだった。これまでにもカラヤンの特別な希望の申し出が支配人の頭痛の種子だったが、こんどは楽員が問題を起こすのだった。というのも、ベルリン・フィルはその間に「カラヤン・オーケストラ」になっていたのである。そして、二人の幹事もついに彼ら自身の組織を造り上げてしまった。一人は有名な「ベルリン・フィルの十二人のチェリスト」というアンサンブルを組織し、いま一人に至ってはれっきとしたベルリン・フィルの室内オーケストラをまとめ上げて、演奏会に、世界旅行に出かけるというありさまになった。

オーケストラの楽員はなかなか多忙である。練習と演奏会の他に彼らは自分の楽器の手入れもせねばならず、次回やその次の演奏会のための新たな練習が始まれば、その楽譜も見て準備しておかねばいけない。また、演奏技術と美しい音を維持し、さらに磨きをかけるためにつねに練習が必要になる。誰しも個人生活を持ちたがるが、室内楽の活動にはそれも犠牲にせねばならない。弦楽四重奏団を組むにしてさえ、練習し演奏会を開くため、共通の余暇を作るのは楽ではない。例えばそのチェリストがこちらの出演を承諾していたのが、突然別のチェリストの代りにあちらに出なければならなくなったり、または別の障害が生じたりしたばあいの手当てを考えねばならぬ例が何度となくあったのだ。ところが今度は十二人のチェリストである。これはベルリン・フィルのチェロの全員だが、オーケストラ以外に余暇にもまとまって活動せねばならぬというのである。その上、彼らの誰もそれまでの室内楽の活動の係累は切ろうとしないのだった。いったいこんなアンサンブルのアイデアを考えついたのは誰だろうか。この編成については、そのために書かれた作品すらなかったのだ。この種のもので唯一の作品は後期ロマン派のユーリウス・クレンゲルの『十二のチェロのための讃歌』だが、これでは一回の演奏会にも足りはしない。だが幹事でチェリストのルードルフ・ヴァインスハイマーは熱心にこの課題に取り組み、間もなくこの新しい室内楽団体のための多数の新しい作品ができ、それは上演されて大成功を収め、レコードにも吹き込まれた。ここには現代作曲家との生産的な結びつきが見られた。

木管や金管楽器の奏者も同じく室内楽団体を持っていた。室内オーケストラはその論理的延長であり、オーケストラの中のオーケストラとなった。そして、この室内オーケストラの責任者となったのが、オーケストラ全体の利害を代表し、フィルハルモニー団員の個人活動がとめどもなく増加するのを監視せねばならない幹事の一人なのだった。

だが、自由な活動の余地がふえたのは、壁の建設によるオーケストラの増員と、後述するオーケストラ・アカデミーの奨学生が演奏に参加するようになったためだけではない。つねに指揮者の指図の下にあること以外に何か自分でやってみようという欲求は大きかったのだ。確かにカラヤンはフィルハルモニー団員の活動のありとあらゆる分野に干渉できるようになっていた。ただ室内楽のグループだけは彼の影響を免かれることができた。カラヤンが首席として強大になればなるほど、独立行動という逃げ道が魅力的になり、フィルハルモニーの団員たちはマエストロに劣らない多面的な活動を展開していった。

カラヤンはベルリン・フィルの首席指揮者としての契約を果たしたばかりではない。彼は自身の個人的な利益のためにもこのオーケストラを利用していた。私はここで、オーケストラにも新たな活動の可能性を開発したレコード録音や音楽映画撮影のことを言っているのではない。彼は新しく会社や催しや音楽祭を創設したが、そこでベルリン・フィルを頼りにしたのである。そうであれば、ベルリン・フィルの団員も小規模のグループで活動するときに、自分たちの有名なオーケストラの名を引き合いに出してなぜいけないのか。彼らがベルリン・フィルとは別の名を名乗っていたとしても、催しの主催者が、彼らがベルリン・フィルに属していることを何らかの形で示さずにはおかぬことは珍しくなかった。

新しい室内オーケストラについては、幹事の一人が自身で契約の交渉を行い、集めてきた。支配人の承認は自明の前提だったが、カラヤンのことは彼は考えなかった。室内楽はマエストロに関りがないからであった。偉大な手本をまねて、各人がやりたい放題をやったが、芸術上ならそれは弁護できた。楽員は誰もきわめて勤勉だったからである。音楽家は自分に自発的に課する、このような課題によって成長し、成熟するものである。オーケストラとは無関係で自分たちのイニシアティヴに基づいたアンサンブルによって、彼らは偉大な巨匠の勢力範囲の外で頭角を現わす助けを得た。

そのことがまた必然的にカラヤンとの緊張の生ずる場を拡げた。例えば例の幹事の室内オーケストラが、カラヤンによるオーケストラのアメリカ旅行と並行して演奏会を行うことを予告したときがそうだった。

ベルリン・フィルの室内楽活動がカラヤンのオーケストラ演奏会と競争する催しになり、カラヤンがビジネス上で発揮した創造性が団員の活動を刺激し、いまやコントロールしきれない危険が生じた。ただ、私たちのオーケストラの素晴らしい室内楽活動を、カラヤンとオーケストラの軋轢《あつれき》の場に押し込むことは私にとっては好ましいことではない。しかし、管理者側が規準を変更したとき、この活動は狙い撃ちにされた。またカラヤンの側でも、支配人のギルトを通じて、逃げ出したり、迷い子になった息子たちをつかまえる手だてができたのである。彼らは手に入れたばかりの「宝」で行き過ぎをやったのである。室内オーケストラは禁止ないし奏者数を制限されて、オーケストラの中のオーケストラとは呼べなくなった。だがそのような成行きは予測できるものだったのだ。ベルリン・フィルの成功の階段をながめてみると、その一段一段にふさわしい指揮者、指導者が必要とされたのである。

幹事の適性

オーケストラからすれば、これら多彩な歳月の間の幹事についても思い起こすのが面白かろう。幹事の職につくのはとにかくたくましい楽員が望ましい。このような余分の職務をオーケストラのコンサートマスターやソロ奏者が果たせるとしたら、それはきわめて協調度の高い団体だけである。

例えば、ホルンの首席ソロ奏者がステージで静かで平和なカンティレーナを吹くことになっているのに、その前に幹事として指揮者と事を構えていいだろうか。指揮者ならば、その気になればどんな楽員であれ、その見ばを悪くすることができるのだ。

また同僚たちも、しかるべく幹事を手こずらせることがある――それはいくども身にしみて感じたことだ。芝居がかった討論（芸術家は何でもいくらか芝居がからせてしまう）が出演の直前まで私を足どめにしておくことが間々あった。ステージに上がって自分の楽器を前にして私は初めて息をつくことができた。幸いなことに、ここでならば私は太鼓を叩くことで未解決の問題のせいでたまっていたうさばらしができるのだった。

オーケストラの幹事を選ぶにあたっては、オーケストラのアクチュアルな要望を代弁する能力が目安となる。私が就任していた時期とそれ以前には、いろいろと問題はあったが、すでに述べた例外を除けばカラヤンに関するものは稀だった。当時着任したてだったカラヤンとオーケストラの協調ぶりについて不満を口にした同僚も何人かはいたが、彼らは少数派で、大きな成功があらゆる疑いを圧倒していくにつれて、その数はどんどん減った。ところが本来ならば全員の一致協力態勢ができたと思われる頃、疑念がまた声高になった。もっとも外部の者には団員の意識下でくいちがいが生じていることなど、想像もできなかったろう。

カラヤンはすでに多年にわたって王笏《おうしゃく》をふるってきていた。私たちはこのパートナーの反応をどう測るかを心得て、折り合いをつけていた。ところが、カラヤンの勝手気儘《きまま》なふるまいを大目に見るのに苦労する性格の同僚をオーケストラが幹事に選んだのは私の在任時代よりずっとあとのことだが、私の眼には雰囲気の変化がはっきりと映った。ザルツブルクで練習をやっていたときのことだが、この幹事はちらと時計を見た。とっくに休憩になっているべき時間だった。彼はカラヤンを見つめ、ついで辺りをぐるりと見回した。それカラヤンが棒を置いたとき、彼は立ち上がって、楽員のために休息の時間を求めた。それはごく日常的な出来事ではあった。だが、私たちのところで、いったい何が日常的と言えるのか。彼の口調はかなり攻撃的であった。カラヤンとのつきあいで鬱積《うっせき》していたものがそこでぶちまけられたのである。不穏当な言葉はなかったが、口調は隠しようがなかった。カラヤンは彼をにらみ、何も言わずにステージを去った。あとで彼は以後この幹事とは仕事をともにしたくないときっぱり要求した。

カラヤンとの距離が増し、フィルハルモニーの団員間の意思疎通や相互理解が困難になって、幹事はカラヤンに「強く」あたろうと思っても同僚たちが後楯になってくれるかどうかもう心許《こころもと》なくなってしまった。カラヤンはごく日常的な問題にまで、自分の特別扱いを要求した。多くの団員はとっくにそれに甘んじていた。ただ、例の幹事はこの従属関係に我慢できなかったのだ。

カラヤンの警告はしかしオーケストラ全体に向けられていた。この男を幹事に選んだのはオーケストラだったからだ。オーケストラは彼のカラヤンに対する姿勢を知っており、彼を自分たちの代表として指名したときには何か考えがあったはずだった。こんな些細《ささい》なきっかけでオーケストラに激しい動揺が見舞った。多くの楽員はカラヤンの無法な要求に憤慨したが、この幹事がカラヤンにあやまるべきだと考える者もいた。しかし、大多数は幹事の辞職を求めた。オーケストラはこれ以上勇気ある解決ができず、指揮者カラヤンの力は圧倒的なものがあった。この幹事は改選され、他の何人かの同僚が立候補した。友情がこわれ、カラヤンの行った懲戒処分の手続について賛否両論が出た。オーケストラ側の戦線が崩れ、諦めが支配的になった。カラヤンにすれば、何人かの団員との以前の信頼関係を復活させて、オーケストラの中の仲間割れを自分の要求の貫徹に利用するのは簡単だったろう。オーケストラとしてはカラヤンとの関係を棒にふるつもりはなく、そのような苦情は甘んじて受けたのである。だが、オーケストラの情況は、カラヤンの側からさらに懲戒処分が行われたりしたら、劇的な反応が起る怖れがあるところまで来ていた。カラヤンがなしとげ、現に行いつつある成果は団員に大きな利益をもたらしているにもかかわらず、しだいに批判的な目で見られるようになってきた。

カラヤン・フィルか？

さて、ベルリン・フィルの世紀転換期頃の古いプログラムをめくってみると、昔の演奏会が長かったことが目につく。聴衆を疲れさせないために二回の休憩をおくことも稀ではなかった。のちにプログラムが少し短くなっても、かなりの長さのアンコール曲が依然として演奏されていた。

旅行に出てフルトヴェングラーが指揮した演奏会のあと、バスクラリネット奏者、トロンボーン奏者と打楽器奏者は、演奏会プログラムに出番がなくても、アンコールのためだけに燕尾服を着なければならなかったのだが、カラヤンはこのアンコールのやり方は当座は受け継いだものの、大がかりな『タンホイザー』序曲からずっと短いバッハの弦楽のための『エアー』に切りかえた。しかし、この好意的なポーズものちには省略されるようになったが、それはプログラムが骨が折れるものだったためではない。演奏会自体もしだいに短くなっていた。

演奏会のプログラムについてはオーケストラは何の権限もなく、立案には加わってはいなかった。楽員にとっては、演奏会が早く終って解放されるのは確かに不愉快ではなかったが、演奏会を訪れた人から、『未完成交響曲』の二つの楽章を聴いただけで早々と休憩に送り出されたという苦情を述べられたら、彼らはどう返答すればよかったのだろう。このような非難が、あるときはもっと高いところまで届いたこともあった。だが、それにもかかわらず、プログラムには何もつけ加えられず、代りに休憩が削られた。この件はある中都市でのことで、この町ではカラヤンの演奏会は社交行事の花形と位づけされていたのである。高価な入場券に合わせてきっと立派な晴着があつらえられていたことだろう。ところがその衣裳を休憩の間に見せびらかすことができなくなったのだ。その二年後、この町での演奏会は売り切れにはならなかった。それは永年の間に例のないことだった。カラヤンは会場の空席に気づき、それ以来——罰として——その町では指揮しなくなった。

フィールゼンとかランダウといった比較的小さな都市が旅行の計画の中にもはや見られなくなったことについて、オーケストラの中でも批判が出た。フルトヴェングラーの頃、中都市の聴衆の方がある大都市のそれよりも率直で感謝の念にみちているという体験をオーケストラはしていた。ところが、演奏旅行の目的地は高級になり、昔のセンチメンタルなつながりなどかまっていられなくなったのである。

フィルハルモニーの団員は意見が分かれた。今あげたような町ばかりでなく、さらにいくつかの都市がプログラムから削られたとき、ある者は新しい安楽を悠然と享受し、他の者は良心の痛みを感じた。演奏旅行が取り消しになったり、それどころか、計画されなかったような場合に、西ドイツはカラヤンがまずなおざりにした地域であったことは明らかである。以前はどういう旅行を行うべきか、オーケストラはよく提案を行ったし、都市の側も希望を表明したが、いまやカラヤンの興味、利害がすべてを決定するのだった。しかし、オーケストラは伝統的な聴衆とのつながりを大事にすることを完全に忘れてはいなかった。そしてついに年に十回は西ドイツで演奏会を開くことに指揮者カラヤンと支配人の賛同を取りつけた。ベルリンは西ドイツの納税者によって生きているのであり、ベルリン・フィルに対する西ドイツの国庫補助は莫大なものがある。だから感謝の念は表わさねばならない。オーケストラはそのためにザルツブルクでの聖霊降臨祭の音楽祭を断念することを提案した。ザルツブルクではベルリン・フィルはいずれにしても毎年、復活祭と八月には聴くことができるのだった。結局、あらゆる方面が了解の意志を示してくれたが、この賛同は守られなかった。

それに引きかえザルツブルクはカラヤンから素晴らしいサーヴィスを享受している。復活祭と聖霊降臨祭は観光シーズンのピークにあたる。ザルツブルクやベルリンに旅するのも、カラヤンとベルリン・フィルを聴くためである。言いかえれば、ベルリン・フィルを聴こうとすれば音楽ファンはザルツブルク行きを強いられる。西ベルリン市議会はアンケートによって次の問題を検討した。ザルツブルクへ集まる世の最も富裕な観光客のために、ベルリン・フィルが渡り鳥の役を演じる必要があるかどうかという問題である。ザルツブルクの祝祭は八月にあり、さらに他のあらゆる季節にも催されるかも知れない。だが、観光シーズンたけなわのときにベルリンからベルリン・フィルが出ていくことは、ベルリン市の利害に合いようがないと言うのであった。以前、ベルリン・フィルは「ベルリンの使節」と呼ばれ、その客演旅行は友好の雰囲気を作り出すという、外交的使命を確かに帯びていた。今やベルリン・フィルの団員たちはカラヤンの使節なのである。

だが、市議会のこのアンケートすらもききめはなかった。そして市当局の考え方も控えめになった。マエストロを怒らせたくはない。彼のベルリンへのつながりに義務や命令で負担をかけるべきではなかった。ベルリン・フィルの団員たちは市の当局者よりもベルリン的ではなかった。すべてを知識として収め、うまずたゆまず要求を続けていればどれほどのものが手に入るかを学んでいた。カラヤンが何もかも貫徹してのける様子には何かぶきみなものがあった。フィルハルモニーの団員の中にはそれに目まいを覚えるものもいた。だが、オーケストラにも恩恵を施している、このような成功者を背後から襲っていいものだろうか。あまりいろいろと考えないで、利点だけを享受するというのが賢い手なのだった。

大危機

オーケストラのたった一人の管楽器奏者の地位《ポスト》をどううめるかという騒動が、世界のはてまで響くセンセーションをまき起こした。

室内楽的に繊細で敏感な、この独奏者ザビーネ・マイヤーほど、世の評判になったクラリネット奏者がいたろうか。

以前と違ってベルリン・フィルに応募する人間が男女どちらの性に属するかは今日では問題にならない。それは繰返し言われ、募集要項もそう書かれている。新しいメンバーの受け入れについて行われる選挙で各団員が投ずる票にはただ、ヤーかナインか保留としか記されていない。ヤーかナインかの背後には個々の団員のどのような熟慮が隠されているだろうか。技倆の他に、その音楽家の放射する雰囲気も少なからぬ役割を演じる。応募者の外見に影響されぬようにカーテンの後で演奏させるオーケストラもあるが、芸術家個人の人柄もその能力の一部ではあるまいか。

ザビーネ・マイヤーが女性であることが問題になるかどうかの問いなら、公式にはきっぱりナインと答えることができる。女性が男性の同僚に対して差別待遇を受けてはならないからだ。だが、この件について投じられた賛否票の一枚一枚を透かして見ようとするなら、この問いに対する解答もはるかに難しいものになってしまう。女性の同僚に対するフィルハルモニーの団員個々人の態度をもっと精《くわ》しく知っていなければならないからだ。

以前なら、女性は妊娠するので休むことがあるし、演奏旅行の組織にもいろいろと困難が生ずるといったことが論拠とされたが、このような説は今日ではそれほど聞かれなくなっている。だが、女性の存在によって性的な雰囲気が変化することをすべての楽員が歓迎するとは限るまい。女性の団員の数が増えることについてなら、楽員たちの多くは好意的だろう。だが、男性がトップの位置に坐るべきだとする主張はその逆の主張よりも正当だと見る者は依然として多いのだ。いく人かの同僚の発言を耳にすると、少数の反対票はこんな点にも根拠をもっている。

一九八三年から八四年にかけて、ザビーネ・マイヤーの採否の投票に際してカラヤンとオーケストラの摩擦を劇的にたかめたのは、カラヤンがオーケストラに激しい圧力をかけて、決定を最終的に自分に有利なようにもっていこうとした事実ではない。そういうことはこれまでにもたびたびあった。カラヤンが年をとり、名声が増して、辛抱しようとする気持も薄れたのだと言うのも当たっていない。酷薄な要求やきわどい条件なら以前にももち出されていた。このようなエスカレーションの原因は、対立が世間の眼に触れたためである。スキャンダルを喜ぶ気持が、権柄《けんぺい》ずくの断固とした処置を望むカラヤン派と、オーケストラの意志も反映する共同決定を実現させてやろうとする支持者たちの双方をあおり立てた。口論し、脅し文句を吐き、懲罰が行われるという尋常の内輪もめの範囲には収まらなくなった。マイヤー女史はより高度の諸問題の解決のためのきっかけであることが、誰にも認識できた。オーケストラの伝統が危機に瀕していて、それ自体は目新しいことではないにしても、それが世間に知れ渡っているのだった。報道機関が好奇心を抱いて、双方の一挙手一投足まで執拗に追い回していた。

対立の他動的拡大

オーケストラがこの女性クラリネット奏者に反対の意志を明らかにすれば、カラヤンとのこれから先の協同作業が危うくなることは、楽員の誰もが知っていた。マイヤー女史への賛と否はそのままカラヤンへの賛と否を意味することになるかも知れない。オーケストラはそのような成り行きを見とおしていたが、譲歩する気はなかったし、それは不可能でもあった。

カラヤンとの断絶を見すえても、オーケストラはとっくの昔からもうショックを覚えなくなっていた。カラヤンは、好ましくない投票結果の出たばあい、以後のベルリン・フィルの協演を客演指揮者のそれと大差ないところまで圧縮することで罰しようと思っていた。

演奏旅行、ザルツブルクとルツェルンの音楽祭、テレヴィジョンと映画のためのオペラと演奏会の収録、そしてさまざまなオーディオ・ヴィジュアルの制作は、芸術的基準の判断の点でオーケストラが自分とは正反対の立場になったばあい、即時停止するとカラヤンは書き送ってきた。

ベルリン・フィルに強烈な圧力をかける、この有名な手紙を支配人はある日の練習前に読み上げようとした。だが幹事会はこれを禁止した。オーケストラの中にはエキストラの奏者がおり、こんなニュースは彼らが外に洩らすかも知れなかったし、ホールにぶら下がっているマイクも用心しなければならなかった。支配人は登場を禁止され、自分が正しいと思うことを行えなくなった。オーケストラは事件を自ら引き受けようと決心したのである。このように拒否すればオーケストラの演奏旅行も被害を蒙《こうむ》るのだが、支配人には——雇傭者側の代表として——手紙の運び役以上の機能は決して認めないことにした。これはギルトにとって締め出しをくう最初の例ではなかった。怒った彼はベルリン・フィルあての手紙を百通以上もコピーさせ——カラヤンは自分の手紙のコピーに了解を与えていた——楽員すべてにあてて発送した。

この成り行きが家庭内の事件に留らずには済むまいということは火を見るより明らかだった。この家庭ではどのような「教育手段」がとられるか、すべての団員は書面で知ったのである。この手紙は一語一句たがわず報道機関に現れた。楽員の誰かがうっぷん晴らしにこれを洩らしたのか、それとも、他のどこかから洩れたのかは分からない。ベルリン・フィルの内情がいかにも人間臭いものであることを全世界は突如として知ったのである。

支配人ギルトにとってこれは自分の首がかかる問題であった。そもそも彼が救われるチャンスはまだあったのか。団員の雇傭契約の締結は彼の職務の一つだった。だからギルトは――オーケストラの明確な希望に反して――ザビーネ・マイヤーを雇い入れる契約に署名した。ベルリン・フィルの管理規則には「新規の楽員はオーケストラに対する試験演奏を済ませたあと、合意を見た期間支配人によって試験的に契約される」とある。試験演奏は催され、カラヤンの出した答とオーケストラのそれとはくい違っていた。カラヤンはどうあってもこのクラリネット奏者と契約しようとした。ギルトは、カラヤンがその脅迫を実行しかねないと考えたのだろう。そこで彼はマイヤーとの契約に署名して、マエストロのために犠牲になろうとしたのか、それとも、オーケストラの管理規則を試験台にのせようとしたのか。管理規則はフィルハルモニーの雇傭契約の重要部分ではない。州当局はそれを雇傭契約の中に含めることを拒んできていた。それにも拘《かかわ》らずギルトは例のとりきめが適用可能だと思っていたが、彼の解釈はオーケストラの思惑とは矛盾するのだった。

ギルトが挑発的な署名を行ったことによって、フィルハルモニーの管理規則にはこれまでにない意味が付与されていたのである。カラヤンとしては、州当局や多くの人間がオーケストラの側に立っていること、また自分の仕掛けたポーカーが自分のイメージを大変に損なうような認識を世間に与えたことを認めざるを得なかった。支配人にとっては事態はやっかいなものとなった。

両派の抗争

しかし、オーケストラとても攻撃の砲火を浴びることになった。いくつか意地悪な批評を甘受しなければならなかったし、カラヤン支持派は恩知らずで思い上がった楽師たちを罵倒し、彼らのアイドルをもち上げた。カラヤンもいわば彼の賭け金を高くして、支配人との連帯を強めた。両者は相手の退路を断とうとしてあらゆる手段に訴え、憎しみをたぎらせて相手を降参させようとした。

カラヤンが本気で脅しをかけている点は、私たちも出発点として考えないわけにはいかなかった。もっともそうすると、カラヤンはオーケストラに与えようと考えていたのと同じ損害をわが身に蒙ることになるのは、当然の結果として予想されたのだが。さて、どの家庭でもそうだが、フィルハルモニーの団員の中にも聞き分けのいい素直な人間がいる一方で、独立心が旺盛で反抗的な人間もいた。このオーケストラが演奏の際には宗教的な熱中に近いほどの没頭を示すことだけをカラヤンはショックに感じていたのではなかった。それに劣らぬ頑強さでオーケストラが彼に反抗したこともカラヤンにとってはショックだったのである。だから、ベルリン・フィルは演奏ではカラヤンとうっとりするような協調を見せはしたが、と同時に、人間的には彼に深い幻滅と疎外を感じ、すべてが法外にエスカレートしていった。

演奏会の聴衆もそれを感じ取り、肩入れの度合に応じて心配したり、満足したりしていた。当然のことながら、敵味方の争いが生じ、新聞記事もそれで埋めつくされた。もしかしたら、カラヤンとオーケストラは、同じような問題をかかえた多くの他の人間のために代理戦争を戦っていたのかも知れない。権威主義者たちはオーケストラに食ってかかり、民主派は尊大な首席を糾弾した。最終的にどちらが勝者となるか、かたずを飲んで待たれる事態となった。

楽員たちは休憩の間、いくつかのグループにかたまって激しい昂奮を見せて情況を討論していたかと思うと、落ち着きと平静さをこれ見よがしにして、トランプやチェスなどに興じてくつろぐこともあった。

ある晩のこと、演奏会のため、フィルハルモニーに来ると、センセイショナルなニュースが拡まっていた。同僚の一人がヴィーンの親友と電話して知ったことだが、オーストリアのテレビでは、カラヤンがベルリン・フィルの首席を退くことが報道されたのだという。あるメンバーは気づかわしげな表情の中におさえた満足感を漂わせていたが、大多数の顔は喜びに輝き、あちこちで解放された喜びの笑い声も聞こえた。「今こそザビーネ・マイヤーについて更《あらた》めて投票ができるぞ」という声も聞かれた。あとになって、ヴィーンからのニュースは誤報と分かり、オーケストラは仕事に戻ったが、お互いに相手を必要とし、頼りにしているパートナー同士の間柄はかつてないほど疎遠なものになっていた。

報道機関がどんどん耳敏くなり、楽団の内輪がまさに玉虫色に描かれるようになると、フィルハルモニーの団員たちもカラヤンに対する関係について何はばかるところなく意見を述べるようになった。両方の側とも、驚きあきれている世間にむけて、それまで華麗な表面《おもてづら》に隠されていた傷口をあらわにした。

ついにカラヤンは自分にそなわったあらゆる権限を使いだした。オーケストラに対して、いかなる点でも自分の下に立たねばならぬことを侮辱的に教え、名のあるソロ奏者たちも彼から訓戒を受けた。

首席指揮者というものはそのオーケストラときわめて緊密に結びついているから、単に彼個人の芸術的成果からだけ判断されてはならないのである。彼のいわば「結婚生活への適応力」もそれに劣らぬ比重をもつのだ。

むろん数ある演奏会の中には、オーケストラも指揮者もお互いのことは知らず、ただ協演するだけのため集まったようなのがあり、これはこれで意味があるだろう。芸術体験は他のレヴェルの要求とは無関係であるべきかも知れないから。

女流クラリネット奏者をめぐる争いはとうとう大波をうち始めた。カラヤンはどうしてもザビーネ・マイヤーを雇い入れるつもりでいることはオーケストラも承知していたが、いちどは彼にむかって「否《ナイン》」と言ってみたい者もいたのである。カラヤンは他人の気持になってみるとか、相手の思っていることを自分の考えに関係づけようとする気がほとんどなかった。抗命に対して彼の行う処罰の厳しさは、誰が命令者であるかについて疑いをさしはさむ余地を生じさせないほどのものだった。

演奏会を訪れる人々の中にはうろたえた反応が見られた。芸術の殿堂の崩壊が彼らの眼前で演じられたのである。予約の取り消しが相ついだ。誰彼にむかって嫌悪や軽蔑を表現するについて何はばかる所なくひどい言葉が使われた。これまで聴衆は、ついには有頂天になるまでの敬虔な感動を味わい、もっぱら日常のうさを忘れて高みに遊ぶ境地を味わってきた。彼らは彼らのカラヤンとベルリン・フィルと素晴らしい音楽とを必要としたのである。洗練されたテレヴィジョンの画面も効果をあげていた。何十年にもわたって彼らはこのハーモニーに浸ることを許され、金色の表面のうしろにいがみ合っている当事者を見出そうとは予期していなかった。あまりに唐突な興ざめであった。

心を引き裂くような、あるいはさわやかにするような聴衆の手紙が、激昂した質問の手紙が毎日の郵便で届けられた。団員たちはマイヤーと支配人を犠牲にすることを譲らず、どんな取引にも妥協にも応じようとしなかった。彼らはかつて大指揮者の下、ステージ上でしか見せなかったほどの団結を示した。

危機の頂点

ベルリン・フィルの不服従に対してカラヤンは一九八四年六月十一日、ザルツブルクで行われる聖霊降臨祭の演奏会のための、このオーケストラとの契約を解除し、その代わりにヴィーン・フィルと契約した。

週刊誌「シュピーゲル」に対してカラヤンは「フィルハルモニーの団員たちがクラリネット奏者マイヤーを選ばなければ、このオーケストラは生きのびられないだろう」と語っていた。芸術上の責任を引き受けたこのオーケストラを彼は抹殺できると思ったのである。これではオーケストラは、公衆の面前で派手な平手打ちをくらったも同然である。カラヤンには思うがままに首を切り、契約を結び、賞《ほ》め、罰し、抹消する力があった。ベルリンの名誉市民であり、そのオーケストラの首席指揮者であるカラヤンが、公務員である彼の部下とともにザルツブルクという、他国の都市に彼自身の企業を創立していたのだった。ここでは彼は誰に対しても自分の行動を釈明する必要はなく、オーケストラはまったく無防備の姿で彼の手中にあった。自分がいなければ何一つうまくいかないことをカラヤンは万人に示すことができたのである。新聞は、ヴィーン・フィルに呼びかけて、ベルリン・フィルとの連帯を求めた。本来ベルリンとヴィーンのフィルハルモニカーたちの間の意思の疎通は良好であった。ベルリンやヴィーンで、またザルツブルクのビアホールで私たちは幾晩か共通の団欒《だんらん》のひとときを過ごしたことがあった。

個々の楽員の間にも友情が通っていた。ヴィーンの楽員の方がたいていはベルリンの人間よりも陽気で、同国人カラヤンの人となりを識《し》っているせいか、事をそれほど大真面目に受け取っていなかった。彼らにも苦い経験はあったのだ——カラヤンがヴィーン国立歌劇場の総監督だった一九六四年のときの騒ぎは、今回のベルリンのそれよりも派手だったに違いない。カラヤンはそのとき、フィルハルモニーの団員と国立歌劇場だけでなく、オーストリア国家全体にも罰を下した。二度と彼はオーストリアで指揮棒は手にしないと言ったのである。この脅迫は嵐のようにオーストリア全土に鳴り響いたけれども、幸いにもカラヤンはこれをあまり真剣に考えてはいなかった。さもなければ、当時は真剣に考えたかも知れないが、間もなくどうでもよくなったのだ。ザルツブルクではすぐに指揮したが、ヴィーンへのお仕置はもう少し続いた。

このドーナウ河畔の騒動——ベルリンのよりはるかに昔のことだが——のときは、のんきなヴィーンの連中もさすがにうろたえて、カラヤンがこんなに途方もない要求を出すのなら、ベルリンの連中はヴィーンに肩入れしてくれるかと訊《たず》ねてきたことがある。この時カラヤンはベルリンで終身の契約を結んでいて、私たちも彼と大変うまくやっていた。私たちの欲していたのは傑出した指揮者で、彼の人間的な欠陥はそのうちに克服できるものと思い、事実、音楽をやることで私たちは一つにまとまっていたから、ヴィーンの事件にはほとんど心配したこともなく、ヴィーンっ子は感情のおもむくままに振舞うんだと思い、ヴィーンの芝居を楽しみさえした。だが、指揮者の中にはヴィーンであっけにとられるような経験を味わった者もいた。ヴィーンではどうだったかと訊ねられたクナッペルツブッシュは「あそこでは口で言ってることの真反対すらまちがっているから」と答えたものだ。とにかく、この件について私たちはヴィーンの連中に優越感を抱いたのである。

だから、当時のヴィーンの同僚たちは私たちに幻滅を味わったことだろう。かと言って、一九八四年の聖霊降臨祭のザルツブルクにおける私たちのもめごとを、彼らが喜んでいけないわけがあろうか。いい気味だという台詞は音楽家も使わないわけではない。ベルリンの私たちが意気消沈して出ていくと、ヴィーンの連中が意気揚々と入ってきた。

だが、ベルリン側の沈んだ状態は攻撃に急転した。それも今までカラヤンに忠誠を尽してきたフィルハルモニー団員が主体となっていた。つまりは彼らがいちばん手ひどい幻滅を味わったからだった。カラヤンは必要とあれば遠慮会釈なく掃討戦をやろうとしていた。しかし、フィルハルモニーの団員たちも、まさに師のカラヤンから習い覚えた腕前を試そうとして、一か八かやってみるつもりでいた。彼らが求めたのは、カラヤンが折れてザルツブルクでやった行動について謝罪することだったが、カラヤンは金輪際そうしはしないだろうということは団員の誰もが知っていた。生涯にわたって彼はこのオーケストラに、また高名なその独奏者たちに向かって、すべてどうあるべきか、どうすべきか、説教を垂れてきた。そのカラヤン以上にすべてが分かる人間などいるはずがないのだったから、万一マエストロに逆に説教しようと思う人間がいたら、それは経歴上大変な危険を背負いこむことになったのである。しかし、いまやオーケストラは一丸となってマエストロを挑発し、事を訣別にもちこもうとしていた。もともと、オーケストラの側から、パートナーと離れる手立てはまったくなかったので、カラヤンとしては受け入れられない条件を作り出して、訣別という結果にもちこませねばならなかった。

むろん、自分の意見を貫徹する、あるいは、相手の侮辱に耐えかねる、ただそれだけの理由で、この比類のない芸術上の協力態勢を危うくしていいものかどうか、自問することもできた。だが、「彼らは僕と離れることはできない!」と、カラヤンはあらかじめ事に備えていたが、いまやオーケストラの中の大勢の小カラヤンたちが、マエストロにおさおさひけを取らないことを示したのだった。世論が動員された。ベルリン州政府はこの件を優先的に取り扱わねばならなくなった。新聞には、歴史上のカノッサの屈辱をもじって、教皇ヘルベルト一世が引見してくれるやも知れぬカノッサ城へベルリン市長がとぼとぼ歩いていく戯画が載った。だが、市長が歎願する立場になるのか。いったいどちらが雇傭者なのか。

市議会はこの問題に徹底的に取り組んだ。ベルリン・フィルの団員たちもこまめに各党の議員団を訪れて情況を説明した。

団結の成果

オーケストラは優位にあった。カラヤンは一人ぽっちなのに対し、楽員は百二十人いた。カラヤンは暴君で、楽員は民主主義者だった。今日、いったいどんな党が専制政治に肩入れするだろうか。演出家カラヤンといえども、いま彼の弟子たちが彼に反抗して行っているよりも上手に市議会の議事を演出することはできまい。あらゆる党派が発言した。ベルリン・フィルの楽員の多くが大会議場に傍聴につめかけ、意にかなった演説に力一杯拍手したので議長の非難を買うほどだった。ベルリン・フィルの団員が関っている案件であることは議長も承知していたが、とにかくここはフィルハルモニーのホールではないのだった。どちらかと言えば、非難には親しみがこめられていた。誰しもフィルハルモニーの民主主義者の側の味方をしたかったからだ。芸術家はえてして芝居じみたことが好きだが、政治家もその点ではひけを取らない。彼らもベルリン・フィル的と呼んでいいほどの熱中を示した。ここに現れている自由のテーマこそ万人の心を打つはずのものだったからである。これは芝居として見ても傑作と呼べたろう。休憩の間には、楽員たちから報道陣に対して細かな点の説明が行われた。楽員の中には、なじみのない環境におかれていくらか鼻白み、控えめになった者もいた。自分の名も告発者として明朝の新聞に載るのだろうか。そもそも、事態の成り行きはどうなるのか。事としだいによってはまたカラヤンの下で演奏することになるだろうが、その時にはまた余計なヴィブラートは避けられないのではないか……。だが強力に意地を通そうとする団員もいた。諸党派の意見は自分たちの味方であることは明らかだったからである。報道機関もそれにならわざるを得まい。かてて加えて、今一つの満足に団員たちは浸っていた。オーケストラの全員が足並を揃えていたのである。音楽以外のことでそうなるのはけっして多くはなかった。カラヤンはいまや弟子たちに圧倒されたのである。ああ、何と素晴らしい感じか。

しかし、市議会ではカラヤンとオーケストラのことだけが議論されていたのではない。支配人の運命も討論の対象であった。二人の主役の間にはさまれて活動の余地がさらに小さくなった彼を、ベルリン・フィルの雇傭者であるベルリン市は原則としては放ってはおけなかったが、彼を救う手立てはいまや存在しなかった。

このような団結を見せてオーケストラはやり抜いた。支配人は敗れたのである。彼の犯した誤りばかりが話題となり、彼が行った進歩的な努力の数々は語られずに終った。彼は休職になり、契約は延長されなかった。彼はベルリンを立ち退かねばならぬ破目になり、また、もはや議論の焦点になることに嫌気がさしてポストを諦めた女性クラリネット奏者もベルリンを離れた。オーケストラの民主的なもろもろの権利は楽員たちに勝利を与え、手つかずのまま残った。

ではカラヤンには何が残っていたか。彼は事の反省のために多くの時間を必要とした。

支配人は去った。そうすぐに誰かが後任にとびこむことも考えられなかった。事情は世界中に知れわたっている。一流の人物でそのような危険に身をさらす者がいるだろうか。いわば廃墟を眼の前にするようなもので、共同の演奏会は開かれていないし、とにかくカラヤンが彼のオーケストラの指揮台に戻れるかどうか、誰も予測できなかった。このようにこみ入った情況でヴォルフガング・シュトレーゼマンが救世主になった。外にむかってはすべてが調和していた長い期間、このオーケストラの支配人だった彼が指名されたとき、誰が拒めただろうか。

燃えるような情熱をもって危急に身を投じた彼は、市当局の指名を待ち受けていたような感じを私たちに与えた。これまでの期間、シュトレーゼマンは著作にいそしみ、カラヤンともオーケストラとも距離を保っていた。かつての在職時代にどれほどの無理を聞かされたかを、彼は思い起こしていただろうか。復讐の思いは彼が自身に禁じたに違いない。では、齢八十に近い男が行動欲に燃える青年のように見えた情熱はどこから来たのか。シュトレーゼマンは新奇な方法に訴えることはできなかった。差し当たりは闘っている当事者を分けて、最初のポジションに戻さねばならない――それなら、彼が昔からよく承知していることだった。

次にオーケストラの要求を引っこめさせた。カラヤンにそっけなくされたというフィルハルモニーの団員たちの感情は理解したが、首席が彼らのもとへやってきて行動について謝罪しろという主張は認められなかった。オーケストラにすればなお意見を曲げずにいたかったのだが、だだをこね続けて悶着の最終的責任を背負わされるのもごめんだった。カラヤンの要求は実現されずに終っているのだから、彼が脅迫を実行する可能性はまだ残っていたのだ。彼の方がベルリンの指揮台に戻るについてより大きな克己心を振るい起こさねばならなかった。だが、すでにそういう機会があったように、彼は自分が行っていた脅迫と、味方に与えていた約束とを忘れた。後者はつらい思いを彼に与えたことだろう。

敬虔な宗教音楽、バッハの『ロ短調ミサ』の演奏によって感動的な再会は祝われた。カラヤンは巨大な事業を再開した。彼はつねに時間を活用しようと心がける。

その後

和解ののち、ベルリン・フィルの内部には見解を異にするいくつかのグループが生れた。それらは以前の党派と同じではなかった。だが全体が心の底にもつ気分は、カラヤン時代をそれにふさわしい結末へ運び、あまりに人間臭かった過去のはるか上に芸術の素晴らしい成果を輝かせようという意志だった。ときとして不当な要求を容れさせられたような気もするが、いまこそかつてのフィルハルモニー精神を輝かして、みごとな舞台上のフィナーレへ運ぶことになった。

ヴォルフガング・シュトレーゼマンが当事者たちをなだめ、本来の使命を思い起こさせたとき、団員たちの感じたのは純粋な喜びだけではなかった。前にもそうだったが、今度もカラヤンは譲歩してくれた。だが成果は何なのか。楽員たちは心の中で訣別を決意していたのだ。協同作業の再開の喜びは同時に、この男にはついに何一つ手出しができなかったという無力感をも意味していた。カラヤンに反抗してついに目標を達しなかったあらゆる情動は、いまやオーケストラ内部でぶつかり合うことになった。

カラヤンは彼なりの方法でオーケストラを罰しようとしたが、それは成功しなかった。しかし、彼がひき起こした結果として、オーケストラの内部でまさにカラヤン式に規制が行われ始めた。もっともこれは、このオーケストラの特長だったあの素晴らしい自己規律とは何の関係もなかった。以前ならば楽員はよく話し合い、時間をかけて相手に納得してもらおうとし、満足な結論に達したものだった。長距離を汽車や汽船で、例えばジェノヴァからアレクサンドリアまで一緒に旅をした。時間はたっぷりあったのだ。ところが今日ではすべて急がねばならない。時は金である。飛行機はますます速くなる。問題を根本までつきつめようとすれば、楽員が幹事に述べることのできる短い文章では不十分である。幹事たちは同僚をよく知り、彼らの欲求をよく知ったと思ったからこそ、決定は自分たちだけでできると思っている。ちょうどカラヤンが自分のオーケストラはよく知っていると思って早急に結論を出したように、幹事会も同僚を短い紐につないで操っているのである。

かつてザルツブルクの練習の際に起こったように、全体にかかわる問題を衆目にさらすような幹事はもはやいなくなった。オーケストラがその後幹事に選ぶようになったのは、オーケストラの利害を役人のように良心的かつ適正に調整するような同僚である。誰も攻撃してはならない。内にむけて、また外にむけて新たに獲得された調和を乱すような厄介事は出現してはならないのだ。シュトレーゼマンが手柄を立てたのはこのような戦術によってである。フィルハルモニーの団員は許可なしに公に意見を述べるべきではないとは、カラヤンの要求したことだった。すべてはうまくまとまった。幹事会はカラヤンの指示を直接に実行するわけではなかったが、結局のところ、カラヤンとてもこれ以上は望めないような行動を彼らは行ったのである。

処罰された首席奏者

これまで私が素描してきたような判断の正しさの根拠となるようないくつかの事件のうちから一つをとり出してみたい。楽員の中のある者はこれを私とは違ったふうに判断するかも知れないが、それにもかかわらず、オーケストラの内情が変化したことを具体的に示すには好適だと私は考えるのである。

そもそもオーケストラのホルン、トランペット、トロンボーンのソロ奏者は特別の地位を与えられている。他のすべての楽員は多かれ少なかれ正しい指揮をすれば正しい音を出すものと期待されている。ところが金管楽器の奏者はたった一つの指づかいで倍音列上にたくさんの音を出すことができる。ただし、適切な唇の緊張と同時にまた当然ながら内的緊張とだけが、期待された音が実際に鳴る保証を与えてくれる。金管楽器のこのようなソロ奏者の経歴を踏むための前提条件は絶対にぐらつかない自信である。あらゆる音程を確実に出す際の危険などはソロ奏者の念頭にまったく浮かんだりしてはならない。演奏会そのものがいかに感動的に終ったにせよ、ホルンの失敗があればみんなの話題になる。音楽があまりよく分からない聴衆でも金管のミスは必ず耳にとらえるものだ。だから以前の私たちはホルンのソロ奏者の挙動はときとして大目に見ねばならないことに意見が一致していた。

さて、二十五年前のこと、あるホルン奏者を試験演奏に呼ぶことになった。彼についてはけっしてつき合いやすくないことを知らされていた。彼が溢れんばかりの自意識の持主で、言動にブレーキがかからぬことを私たちはあるところから警告を受けていた。十分な情報を得た私たちは、新入団員を選ぶにあたってその人の性格をどのくらい勘定に入れるかについて事細かく相談しておいた。私たちのまとめた見解は、私たちは優れたホルン奏者を必要としているのであり、この楽器の名人に対して寛容な態度で臨むべきだというものだった。こうして私たちは彼を採用し、音楽上は幻滅を感じたことはいちどもない。だが、それ以外の挙動ではときとして眼をつぶらねばならぬことがあった。だが、彼とて同僚中でただ一人の問題児ではなかったのである。そんなことがどうして問題になろう。オーケストラ自体が感情の爆発を望むこともあるし、あらゆる顧慮や気後れを捨てることを願うこともあるのだ。このような基本的態度とこのような奏者がなくて、私たちの演奏会がどうして人の心を打つことがあり得よう。このような同僚に必要なのは適切な注意であり、なだめの言葉であり、また忠告や、ときとしては訓戒であった。それは異常なことではなく、誰もが承知していることだ。ついでに言えば、このホルン奏者は繊細な心の点では同僚といささかもひけを取らず、ただ自分を守るために、人一倍こわい顔をしていただけのことであった。

しかし、オーケストラの危機が終ったあと、そもそも苦情とか異議があってはならなくなると、問題のある同僚たちはより強力な懲戒処分を受けることになった。このホルン奏者は演奏旅行中に許可なしにまる一日オーケストラを離れた。それはベルリン・ドイツ・オペラのオーケストラに加勢を頼まれたためだった。それはむろん公式の許可がなければ規律に反することだったが、ベルリン・フィルの演奏会では彼の欠席は気づかれなかった。同僚が良心的に話し合いによって処理していたからだった。だが、この男はおさえがきかぬたちなので、あとになってこの件を幹事のいる前で喋ってしまった。二十年以上も責任重大なパートを献身的にほれぼれするほどに勤めてきたこの団員でも、このような行動は即時解雇という結果を生じかねないことは、今日の情況を考えて初めて理解できるのだ。オーケストラが投票を行う前に、即時解雇は幹事会の指示により、支配人が命令した。カラヤンはむろん了解していた。

楽員は毎日出会い、あらゆる懸案を口頭でずっと詳しく議論できるにもかかわらず、相互の意思疎通は手紙で行うことになっている。そのような手紙がそれにふさわしい敬意を払われず、めったに開封されず、ましてや読まれはしないのは別に不思議でもない。ベルリン・フィルはカラヤン・フィルになってしまった。むろん、輝かしい長所とともにあらゆる短所も伴っての話である。楽員の誰にも法律上の後楯がつくようになった。以前なら詳細な話し合いによって解明され、解決された事件に法廷が判断を下すのである。対人関係は代理人の手に委ねられる。そしていまや、団員の一人一人が、懲戒処分がまったく不適切であることについて法廷の判断を仰ぐのである。過度の処分を受けた例の同僚は、その後楽員として復帰することを許されている。だが、このような訴訟が起これば、それがフィルハルモニーの協調精神に与える影響は予断を許さない。

では現在ベルリン・フィルの団員たちはどのような情況におかれているのだろうか。彼らはまた模範的に正しい道を決定できるのだろうか。音楽上の性能はすべて調和一致しており、過去の、また現在のあらゆる段階の音楽に対応することができる。演奏解釈の多様性はむしろ増大した。創設時代のベンヤミーン・ビルゼとの、そして最近のカラヤンとの摩擦はオーケストラの音楽的使命の何らさまたげにならなかった。将来を悲観する理由は一つもない。未来のあらゆる使命に応ずる基盤は適切に準備されているからだ。だが、新しい時代の要求に応えるには、楽員たちはどのような美徳をそなえたらいいのか。

さて、指揮者をどのような基準によって評価するか、それはヘルベルト・フォン・カラヤン財団の催す国際指揮者コンクールの実地について見ていただくのがよかろう。

ヘルベルト・フォン・カラヤン財団の国際指揮者コンクール

若くて有能な指揮者の育成保護を目的とするこのコンクールは一九六九年、ヘルベルト・フォン・カラヤンによって創設された。それ以来七百名以上の若い指揮者が、世界中に高名をはせ、この専門での規範的な能力試験と見なされるまでになったこのコンクールに参加を申し込んだ。「四百名以上の応募者が、疲れを知らぬ高度の専門的作業によって、傑出した才能の持ち主を入賞者に選ぶことのできた審査委員会の判定にすでに服した」とカラヤンはこのコンクールのパンフレットに記し、続けた、「その結果、現在世界の楽壇で成功を収めている幾多の人材がキャリアの基礎を築いた。名声を得た彼らは将来に向けて希望ゆたかな成長をとげつつある。コンクールがこれまで成功を博してきたことにより、当時の私の決心の正しかったことが証明されたが、世界の若い指揮者を今後も保護育成する私の考えは変らない。この国際指揮者コンクールがさらに成果をあげ、すべての参加者に価値ある認識を与えることを私は希望するとともに、さらにそれが各人にとって芸術的、人間的な出会いの場となることも望みたい」

カラヤンのこのような呼びかけに対して全世界から大きな評価が寄せられた。開催地となったベルリンは羨望の眼で見られ、他の都市での同じような催しはこのコンクールを範にとった。モスクワでは、このカラヤン・コンクールに派遣される二人の候補者を選ぶための、特別コンクールがわざわざ催された。カラヤン・コンクールの頂点は入賞者によるベルリン・フィルのコンサートであり、引き続いてカラヤンはメダルと賞状を授与し、若きスター指揮者をその胸に父親のように抱きしめ、将来とも助言者の役を務めることを約束した。ホールの中とテレヴィジョンの画面を前にした報道関係者と聴衆は心から感動した。

カラヤンはよく自分の修業時代のことを物語るが、当時の彼は南ドイツのウルム市立歌劇場の乏しい予算規模で苦労しなければならなかった。だから、今日の傑出した才能はもっと早く見つけ出して、昇進の苦難の道を短くしてやらねばと彼は思うのである。一枚のカラヤン・メダルが数々の険しい路を平坦にした。入賞者はベルリン・フィルとの演奏会の他に、他の都市でも客演指揮をしたり、指揮者の空席が生じたときは優先して招かれる。オーケストラや歌劇場の支配人や演奏会の企画者はこの審査委員会の判定を目安に用いてきた。自分の町の批評家が異なった結論を出したときには、彼らはこのコンクールを引き合いにすることができた。

審査員としては各国の支配人や、レコード、テレヴィジョン、ラジオ、報道機関の責任ある人物がおよそ十二人並んでいた。専門の指揮者が二人以上入ることはめったにない。その他に、ベルリン・フィルの団員が一人か二人、オーケストラの立場を代弁する。

私は二回審査員を勤めたし、その他にブダペストの指揮者コンクールの審査にも参加した。将来の国際的スターがどのような基準によって選ばれるかが私の興味を大いにそそるところだった。それは実にワクワクする事柄だった。国際的な審査委員会となればどこに出してもおかしくない尺度を立てねばならないからだ。どんな「オーケストラの花嫁」にも似合う理想の「花婿指揮者」を見つけねばならないのだ。

審査の判定基準?

ベルリンのコンクールでは審査に当たる一人一人は各候補者について一から十二点の評点をつける。それはフィギュアスケートのばあいと同じだ。フィギュアスケートの評価は、どんな姿勢で何回転ジャンプが行われたか、誰の眼にも明らかなのにそれでも文句がよくつけられる。指揮者のコンクールではジャンプはそう眼につかないし、何回もの回転ジャンプなどありはしない。では評点は何に基づいたらいいのか。初めの頃私は他の審査員に判定基準について質問したが、答はしごくまちまちだった。その上、私の質問を多くの人は快く思わないことも分かった。そこで私は好奇心をもって静観することにした。最初の頃は審査員のめいめいが他の審査員のいる前で自分の評点を告げるのだった。点数がひどくまちまちになることが分かってからは、評点は紙に書いて何のコメントもつけずに提出することになったが、その際、いちばん高い点と低い点は集計からはずされた。それらの評点と総計点はあとで教えられるが、誰が何点入れたかは分からないのだった。

ブダペストの指揮コンクールもカラヤン財団コンクールに勇気を得て始められた。テレヴィ局が主催し、中継放送を行った。審査員の中に旧知の顔に何人も出くわした。ブダペストでは審査員は評点をみんなに見えるように高く掲げねばならなかった。ある評点がひどく他と違っているときはその理由をアナウンサーが質問し、審査員は説明しなければならなかったが、この方が誰にとっても透明な方法であった。

ブダペストの応募者の中に、オーケストラに自分の意志を伝えるためにひどく攻撃的になる青年がいた。彼は剣を振るって敵を倒し、自分より前の誰もが達成できなかったような成果をあげねばならぬかのように空中に指示を叩きつけた。大多数の審査員は感激して最終ラウンドで彼に最高点をつけた。オーケストラも投票に加わることができたが、彼には最低点をつけた。楽員たちはほとんど感動せず、そんな鞭《むち》を振り回すやり方は彼らからすると何ら評価の理由にはならなかったのだ。いったいどちらの判定を信頼すべきなのか。審査員中にはそれぞれの国で指揮者を育て、あるいは彼らと契約を結ぶ、しかるべき能力をもった人がいたのだが。

指揮者を選ぶについてオーケストラに共同決定権を認めると言えば、ある人にはそれが不適切な迎合だと見えるだろう。オーケストラは指揮者と生活を共にしなければならないのだが、どの指揮者がオーケストラのためになり、最良の性能を引き出すか、それは他の者が判定することだ。オーケストラの質はもっぱら指揮者が左右するという見方を妥当と考える人は相変らず少なくないようだ。

ブダペストでは指揮者についてオーケストラばかりでなく、テレヴィのすべての視聴者にも投票権があり、彼らはこの特権を十分に行使していた。だが、聴衆に審査能力を認めていいのだろうか。聴衆の意見を訊《たず》ねることをきっぱり拒否するオーケストラ支配人を私は何人も知っている。しかし、専門家の審査員の判定基準を知ったあとで、私は素人の聴衆の評価にたいへんに感動した――彼らの投票は、私の感じからすれば、とても見事だった。聴衆の判断力はしばしば不当に低く評価されているが、公演は結局は彼らのために催されるのではないか。

ベルリンでは、フィルハルモニーの団員を一人審査に加えることでオーケストラの発言をしかるべく尊重したと考えたのである。指揮者にしてからが少数派だった。ここではすべての処理がずっと形式的だったのである。応募者のある者は、評価する人間に合わせて指揮がやれでもするかのように、私に審査員会の構成を訊ねた。しかし大多数が知りたがったのは、このコンクールに名を冠したフォン・カラヤン氏がいつ姿を現すかということだった。遠くの国から参加した者は、カラヤンに会うためにも旅費と滞在費の高額の出費を負担したのだった。マエストロは最終日に授賞のためにしか現れないと聞いたとき、失望の涙を流す者さえいたが、それは彼らがカラヤンから最大の刺激を受けられると希望していたためである。そんなわけで、彼らはあまり参考にもならない評点を教えられて満足するしかないのだった。

ごく例外的に、あるいは応募者が要求したとき、審査委員長か、委員の一人が彼に採点の結果を説明した。

他の審査員たちの判定動機がはっきりしないときには、判定と以後の勉強の指針を応募者に事細かに説明するのはけっして容易ではなかった。数字を言葉におきかえ、審査員を代表した顔でしゃべるなどということが誰にできようか。審査員たちが判定について一致したばあいでも、最後に応募者に応接したカラヤンが全然別の意見であることもあった。

ベルリンのコンクールでも、何人かの応募者の仮借ない断固とした身振りがかなりの印象を与え、判定に影響したが、次第に、相手を引き寄せるような、もっと内面的なジェスチュアの方が高く評価されるようになった。ある有名な指揮者は最後のコンクールで、あまりに攻撃的で自己中心的な指揮ぶりの応募者は早めにステージから下ろすべきだと、審査員に促しさえしたのである。

ところで、指揮という職業では他のどれよりも女性は困難にさらされる。これまでもっぱら男性の所轄とされ、ことに指揮とは結びつきの強い能力つまり統率力、貫徹力、説得力を女性が身につけることを好まぬ男性はいまなお多くいる。女性がこれらの能力を十分にそなえていなければ指揮者としてまともに扱ってもらえない。しかし彼女がこのような個性を十分に発揮するとなると、ますます拒絶されることになる。女性に高い点を与えると、女びいきに分類されたり、差別されかねなかった。

しかし私がさらにいぶかしく思ったのは、民族感情が評価に影響を与えたばあいがあることだった。

とにかく、これほどさまざまな考え方があるのに、一つの評点を出さなくてはならないのだった。しかもその評点には、その指揮者が前におかれた総譜をどのように音楽にかえたかについての情報も含まねばならないのだ。いったい、バッハ、モーツァルト、ブラームス、またバルトークの体験のしかたに世界的な尺度があるのだろうか。一つの作品がヨーロッパ人、アメリカ人、アジア人、アフリカ人にまったく同じ感情を呼び覚ますと期待できるだろうか。一つの解釈が正しいと他の解釈は誤りになるのだろうか。指揮者について判定を下すことはこれほど困難なことなので、審査の目標としては、完成した指揮者ではなく、この職業に対して大きな素質の持主を探すことに意見の一致を見たのだが、実はこちらの方がはるかに難しいのだった。というのも、そのばあい審査員は、その後の研修、勉学の期間についても考えておかねばならないのだが、その際にことに重要と思われる指揮法の教師の能力についてさえ、全員が分かっているとは限らないのである。

もしかすると、ベルリンでのコンクールの間の人間的、芸術的な接触ということも意味があったかも知れない。しかし現実は違っていた。予選のある段階でふるい落とされた応募者のたいていの者は出発してしまうのであった。それまでに自分に恃《たの》むところがあったから、まるで顔に一発くらったようなショックを感じたのであろう。

どんなコンクールにしろ参加するとなれば、はねられて、より優れた者に優位を認めねばならなくなる危険がある。それでも器楽奏者なら問題はそれほど大きくない。しかし、指揮者というものは、指導者の性格を身につけ、他者に対して評価と指示を与えるように訓練されるし、またそのような欲求を抱いているのだ。どんな指揮者にせよ、拒絶をくらったとき、自分は公正に扱われていると思うだろうか。音楽家が指揮者になって、音楽活動のうちで最も責任の重いポジションを引き受けようとするならば、自信をもち、自分の卓越した能力に確信を抱いていなくてどうしよう。自己懐疑はこの職業にあっては致命的だ。落選の明快な理由を教えられなかった応募者は、自分が切り捨てられたことの誤りの責めを審査委員会になすりつけるしかないではないか。審査員の間違いもよく起こることだ。その上、評点の計算に当たっては、ごくごく小さな差が、ある応募者のプラスにもマイナスにも働くことがあった。これはスポーツのばあいも同じだという話を私は聞いたことがある。

審査員たちはより満足度の高い解決法を模索し続けてきた。しかし、この催しの華々しい外見に見合うだけの利益は後進たちに与えられなかった。

勝者である入賞者は素晴らしい飛躍とそこから生ずるいくたの特別な難題をこなし得ただろうか。本来深い意味のあったはずの修業時代はあっさりと縮めていいものではない。カラヤンも考え始めた。ウルムで過ごした歳月はやはり意味がなくはなかったことが回顧によって分かってきたのだ。コンクールの結果がそこに投じられた費用や労力を正当化できるか、彼は疑い始めた。

ベルリン・フィルの楽員の大多数はこの催しに冷笑を投げるばかりだった。それはこの偉大なマエストロの自己演出のいま一つの演技であり、本質的な利点は何もなかった。結びの演奏会のためには入賞者全体に対して一回しか練習がなく、彼らはそれを分け合わねばならなかった。ベルリン・フィルなら眠っていても弾けるようなプログラムが探し出された。入賞者は自分の曲を一回だけ通して指揮することを許されたが、オーケストラをもっと精《くわ》しく知ろうとしたり、演奏に自分の持味を加えることは不可能だった。それは実際不必要だったのである。この華々しい芝居はちゃんと成功を収めたのだ。

新しいアイデア

ベルリン・フィルのオーケストラ・アカデミーの校長であり、コンクールの実行責任者のヘルベルト・アーレンドルフが重病に陥ったとき、私はカラヤンと話した。それは一九八三年のことでベルリン・フィルとその首席との溝はすでにかなり深くなっていて、マエストロと話そうとする楽員の数は僅《わず》かであった。私はカラヤンに自分の情況判断と、コンクールについての危惧を話した。彼も新しいアイデアが必要だという意見で、私に実行を委ねた。

カラヤン自身も本腰を入れる気でいた。次回のコンクールは二年間にわたることになり、最初の年には三回の予選があって三人の最優秀の指揮者が選び出された。彼らは翌年、カラヤンの主宰する一週間のワークショップに招かれることになった。一週間ベルリンに滞在して、オーケストラが一日に二回練習用に提供され、しかもカラヤンが注意深い教師役としてオーケストラのまん中に腰をかけている。これは確かに後進たちへの好意の点で一つのプラスであった。しかし、勝者がきまったあと、一九八五年九月のワークショップが近づいてきたとき、私は、優れたアイデアとその実行とは全くの別物ということを思い知らされた。何回も電話で話したあと、カラヤンは、フィルハルモニーとの練習のために必要とされるよりも一日早くベルリンに来て、コンクールに顔を出す気にはなった。結局のところ、以前に承諾を得ていた一週間の代わりに、彼がわずか一日入賞者たちのために割いてくれたことで私は満足せねばならなかった。それ以外の日は、彼らはカラヤンぬきでオーケストラと一人で対さねばならなかったのだ。そして結びの演奏会のあとの授賞式も私が一人で行った。これまでカラヤンは外部に対して大変に効果をあげるこの儀式をけっして手放したことはなかったのだが。

　だがいずれにしろ、カラヤンは最後に残った三人の応募者の能力を心に留めることができたのだった。それはアメリカ、ソ連、そして北朝鮮の三人の指揮者だった。アメリカ、ソ連、ヨーロッパ、日本出身の人材はしばしば知っている。しかし北朝鮮の指揮者など私たちには全く新しい経験だった。このイルジン・キムは一九八四年から八五年にかけてのコンクールの本当のセンセーションだった。彼はチャイコフスキーの『悲愴』を誰もが息をのむほどの感激をこめて指揮した。カラヤンはキムを知り、練習の終ったあとで私に冷たく言った、「リズムが悪い」と。これでキムは金メダルを取りそこねた。いったいどういうことをキムは行ったのか。この交響曲のいろいろな主題がキムのテンポも動揺させたのである。そのときの私は、フルトヴェングラーのこの曲の造り上げかた、指揮ぶりを思わずにはいられなかった。第一と第四楽章については言うまでもない。だが、あのアレグロ・コン・グラツィアの第二楽章でさえ、各小節のティンパニーの五拍をなんとか一様に小節内に収めるのは、奏者としての私にはまるで綱渡りのようなきわどさがあった。一つとして同じ小節はなかった。フルトヴェングラーはある小節ではドライヴをかけ、ある小節では抑制したが、それにもかかわらず、低音のオスティナートはゆるぎなく確実に音楽の流れをになっているという印象が伝わらねばならなかったのだ。フルトヴェングラーが求めるすべての加速と減速をオーケストラ全員が共体験し、何とか受けとめたのだ。だがフルトヴェングラーの「リズムが悪い」などとはどうあって言えようか。フルトヴェングラーが若い応募者として今日このコンクールに参加したばあいを私は想像できる——あの指揮の技術とテンポと解釈の独断ぶりでは、彼はカラヤンから賞状は受け取れまい。それどころか最終ラウンドまで進むことすらむりだろう。

ところで、このカラヤン指揮者コンクールはカラヤンの後継者問題にどう影響しただろうか。この二十年近く全世界から集まった指揮者の才能が審査されてきた。偉大なキャリアに望みをかける若者はこぞって参加している。応募者の年齢上限は三十歳だが、この年齢は、過去の偉大な指揮者たちがとっくに衆目を集めていた年である。コンクールのこれまでの入賞者の中には四十をこえた者もいるだろう。だが、カラヤンの後継者について臆測がささやかれるとき、カラヤン財団の入賞者の名がいちどとして言われないのは奇妙なことである。彼らはカラヤン審査委員会の判断によれば世界の最優秀であったはずだ。あるコンクールのあとで、聴衆の一人が入賞者にサインを求めた。入賞者はその紙に跳るような字体で自分の名を書き、それに劣らぬ大きさで「ベスト・オヴ・オール！」と書き加えたのだった。

私は入賞者の一人一人に立ち入りたくはない。しかし、世界の楽壇のどんなに多くの人物が審査委員に加わって時間と忍耐力を捧げてきたか——幾日にもわたって、応募者の一人一人のためにうまずたゆまず協力してきた諸オーケストラのことも忘れてはなるまい

――、またこの催しのためにどれだけの金が費されたかを考えるとき、このコンクールに新しい衝撃を与える時機が来ていると思われた。

改善の試み

そこで私はベルリンにある各オーケストラの支配人たちと一緒に集まって新しい方途をさぐろうとした。ギルトは審査委員長でもあった。ラディオ・シンフォニーの支配人も審査に加わっていた――彼は自分のオーケストラをベルリン・フィルやベルリン交響楽団とともにコンクールの役に立てたいと希望していた。私たちはそろって、応募者により広い活動の余地が与えられることを望み、彼らをもっと詳しく調べ、本当に彼らに何ができるか、彼らが愛しているものは何か知ろうと努めた。バーンスタインも、指揮者が何に対して情熱を燃やすか気づかねばならないと言っている。そこで一九八六年のコンクールの応募者は自分が格別好きな作品を探し出すこと、または、自分の好きな作曲家に自分の考えを話して、新しい作品を書いてもらうことになった。その作品をこの晴れがましい舞台で応募者に指揮させようと言うのだった。つまり彼は自分の能力を、一つの音楽作品に対する熱意に結びつけねばならないのだった。指揮者がはっきりとある作品への好意を示せば、聴衆の耳もおのずと開かれるというもので、なかでも作曲家自身が新しい経験を与えられるのである。

コンクールはいつも九月、つまりベルリン芸術週間中に行われるので四年ごとに芸術週間とのタイアップが計画された。それがまず一九八六年九月の実験となったわけで、この新たな試みの経験の成果が検討されたあと、四年のちに新しいコンクールの変化を考えようと言うのであった。

私たちは各国の音楽大学や大使館に、コンクールの予選と実行に協力を求めた。その結果、素晴らしい申し込みがあり、応募者の大多数をふるい落とさねばならなくなったことは残念だった。

私たちの意図をよく分かってもらうために一つエピソードを述べよう。私は新しいコンクールのことを友人の間に吹聴した。それを耳にした知人があるパーティーの招待条件として、その時にいちばん気に入っている詩を持参して朗読することを参加者に課した。私は自分でもびっくりするほど、この課題に熱中し、いったいどの詩がそのとき自分の心にいちばん触れてくるか、招待の日まで決心するのに大いに心を砕いた。その晩になると、初めは誰も口火を切る勇気がなかったが、結局全員が自分の詩を朗読した。その結果、他人が何に関心をもつか、めいめいの洞察が深まった。ある作品への傾倒を明らかにすることで、他人の知ることのなかったような感情の側面を開いて見せたわけである。

これと同じように、私たちは、コンクールの応募者がどんな音楽に感激するのか、若い人々をとりこにするのはどんな音楽か知ろうと思ったのである。

そして、その指揮者がベートーヴェンの第五交響曲のために周到な準備の上でどのようなかっこうをして見せるか、それに関心がもたれるのはそれに続くコンクールの本番になってからの話である。

むろん、このようなアイデアに革命的な点はない。どの演奏会にせよ、ある作曲家への傾倒が示されることは私たちの経験するところである。このような、指揮者の作品に対する関係こそ観察の中心にすえねばならないことだった。

すでに若い頃から成績をあげ、恐らく素晴らしいキャリアをこれから迎えると思われる指揮者に、新しいコンクールの募集が終ったあとで、現代作曲家の誰と組んで仕事をしたいかと訊ねたことがある。「誰も知りません」という、驚くべき答が返ってきた。彼から見たとき、骨折りがいのある作曲家が実際にいないのか、それとも今日書かれている音楽なぞ、彼にとってはどうでもいいことだったのか。傑出した地位にある指揮者なら、生存権を求めて苦闘している現代音楽に親しみ、また聴衆にも親しませる共同責任はないのだろうか。ある女性指揮者は、このコンクールの募集条件のおかげで、まったく新しい独特の体験をしたと語った。これまで自分は、一つの作品をどのように上演すべきかを習ってきたのだが、こんどは、その作品が自分にどのような意味をもつか吟味しなければならなくなったからである。

作品に対して自分なりの姿勢をとることは多くの指揮者にとっては演奏の自明の前提条

件である。ズービン・メータはあるときオーケストラとの練習が始まる前に次のように言った。「皆さんがこの作品をどう見ているか知りません。だが私はこの曲を愛しているのです」と。これで情況は明快になった。楽員たちはこの告白を尊敬したのである。それどころか、曲に聴き入り、この曲をどこで愛すべきか、もっとよく知ろうという気になったのである。エーリヒ・ベルゲルのばあいはまたまったく違っていた。彼は、これこそ自分の心にかなうというスコアをひっさげてベルリンにやってきた。ところが、フィルハルモニーの楽員はこの曲について感激をわかち合うつもりがなかったので、残念そうにベルゲルは、「この曲があなたがたの気に入らないのであれば、私に残されたのはピストルの弾だけだ」と言ったものである。演奏する音楽に指揮者とオーケストラが心からの共感を覚えないばあい、聴衆も引っこみ思案になることは当然かも知れない。

また、コンクールのある応募者が百人以上の楽員を必要とするスコアを提出したのに対し、他の一人は五人の楽員と一人の女声歌手で満足したということはなかなか示唆にとんでいる。現実上の諸問題を自分なりの芸術のレヴェルで処理してみたいという欲求を少なからぬ人がもっていたのである。

この新しいコンクールについて細部のすべての点にわたってカラヤンに報告しておいたが、彼は完全に了解してくれ、「新しいことのためなら、いつでも役に立ちたい」と言ってくれた。

芸術家と「PR」

私は三回の演奏会の指揮者を応募者の中から選んでおいた。それぞれの演奏会では三人ないし四人の指揮者のうち一人は若い作曲家で、この演奏会のために自作を書いていたのである。とはいえ、作曲家をかねる指揮者が作曲をしない指揮者より原則として優れているというふうに誤解してもらっては困る。一つ例を挙げようか。R・シュトラウスをベルリン・フィルの首席指揮者として想像できない人はいまい。彼はこのオーケストラと一八九四年に二年間の契約を結んだ。R・シュトラウスがいかに優れた音楽家か、支配人も楽員たちも認めていたからである。だが聴衆は気乗り薄で、会場はがらんとしていた。収入は減り、契約のなかばで早々とシュトラウスはそれを解除するように言われた。聴衆や批評家の耳が悪かったのだろうか。彼らは、シュトラウスが作曲家として、また指揮者としてもどれほどファンタジーに恵まれていたか、分からねばならないはずだった。はたしてそれから数年後、シュトラウスの演奏会ごとに会場は満員になった。

カラヤンのばあい、そのようなことが起こる心配はなかったのである。彼はPRということをずっと自分の最も大事な任務の一つと見なしているからである。音楽大学は未来の指揮者のために「PR」という科目を設けるがいいのかも知れない。この分野でうまく立ち回ることは指揮者にとって、また補助金に飢えているオーケストラにとって生存にかかわる大事である。

私たちが相手にする社会という存在が、上昇志向の強い才能の持主が応募するための何よりも強い刺激となっている。コンクールということであれば、既成の同じ交響曲を振らせた方が、指揮者を較《くら》べやすい。そういうやり方はいずれ行われるべきだろう。だが、四年に一回の演奏会では指揮者という職業にまつわるもっと広汎な問題と私たちは取り組もうと思った。とにかく、現代の音楽を十分に扱わずにおいて、どうして未来の問題に眼が向けられよう。若い人がロックやポップスに魅かれるのも、その方が現実に近い表現ができるからかも知れない。ロックやポップスの内容も真剣さの点では「クラシック」に劣らないし、「軽音楽」と言って垣根を設けることには高慢さの臭いすらする。

こういったわけで、このコンクールは音楽に対する態度の表現にもっとこまやかなニュアンスを与える機会となるように思えたのである。私たちはまた、多くの批判の声が寄せられ、新しいコンクールのための提案を受け入れる用意ができていた。

指揮者という職業全体にとってPRということがどれほど大切か、それは応募書類の内のかなりの数に読み取ることができた。応募の書式に項目を書き込み、受けた教育や、その後の経歴、レパートリーについて答えれば十分なのだ。それはたったの一ページですむことであり、大抵の応募者は、すでにかなりの成果を示せるような人のばあいでも、それで十分だった。だが、なぜ絶対に指揮者になりたいか、すぐに分かるように、文字の上でも比喩的にも表現している応募者もいた。確かに音楽性もあり、器楽奏者になっても立派な成績を挙げただろうが、彼らは指揮者の経歴しか考えなかったのである。彼らはすでに重要な音楽都市に事務所をもち、大都会から大都会へ電話したり、移動して回ったりしていたのだが、それにもかかわらず、応募書類の中に目覚しい自画像を描き出すため、多大の時間と愛情を注入していた。

彼らは現在の自分と将来の職業とに魅せられていて、自分が描いた、そのスターとしての自画像を他人にも見てもらいたいのである。

応募の書類を見れば、その応募者がどのようにオーケストラの前に姿を現すかについても察することができるのだった。

応募者のなかにはフルトヴェングラー・タイプとカラヤン・タイプがあり、これら両極の間にすべては収まるのだった。そのアイドルとまったく同じに指揮できる者はいなかったがそれぞれの方向にどの程度達しているかは見てとることができた。

企ての挫折

私は一九八六年のコンクールについてすべての契約に署名していた。応募者とその提案した作曲家にそれぞれ承諾、謝絶の返事が送られた。期日が決定し、いよいよ、準備の細かい仕事に取りかかれるようにもなったそのとき、突如として、ヘルベルト・フォン・カラヤン財団の一九八六年国際コンクールは組織上の理由で延期、という記事が新聞に出た。関係していたオーケストラの支配人たちは憤激し、かつ途方に暮れた。何しろはっきりとした説明がなされなかったのである。では何が起こったのか。

この指揮者コンクールがあまり成果を挙げていないという認識をカラヤンがもったためだった。そのことは、フィルハルモニーの団員がもっと前から言っていたことだった。それでも彼らは、最終演奏会で三人の入賞者のために唯《ただ》一回の練習は引き受ける覚悟でいた。ところが、その後、四人の指揮者がそれぞれ一回の練習を割り当てられることになった。それでもそれぞれ二十分の演奏時間の作品にとっては多すぎるわけではなかった。だが、こうなると、正式の演奏会となるわけで、コンクールも真面目に考えねばならなくなった。しかし、それはベルリン・フィルがヘルベルト・フォン・カラヤン財団にもっと厄介なサーヴィスを提供せねばならないことを意味するわけだが、時はまさにカラヤンとの悶着が収まったばかりのおりだった。フィナーレに来て、また新しい火の手が煽《あお》られるのか。オーケストラの幹事は支配人に苦情を申し立てた。その支配人にまたシュトレーゼマンが就任していて、オーケストラともども、彼の前任者であり、かつ後継者でもあったギルトの行った活動とは縁を切りたがっていた。彼はカラヤンのもとに相談に行ったが、カラヤンは、このコンクールの改革のときの私にと同じくらい熱心に彼の話に耳を傾けたのであろう。素早く決断して、この催しを延期したのだった。

すべてはこんなに簡単だったのだ。誰も気にとめてないことがいくつかあった。契約しておいたオーケストラにはとにかく報酬は払わねばならないではないかということ。のちになっても同じ条件がつくれるかどうかということ。応募者のある者はその間に年齢制限の枠を越えてしまいはせぬかということ。また、いつとも分からぬ将来まで緊張したままで放っておかれる指揮者とその作曲家がどう感じるかということもあった。彼らは私に手紙をくれたり、電話をかけたり、自らベルリンまでやって来たりした。コンクール参加者と接触があるエージェントはその演奏会を自分で引き受けてもいいか、訊ねてきた。だが何一つ実現しなかった。この催しは取り消されたのではなく、単に延期になっただけなのだった。かてて加えて、実行に当たってはかなりの追加の費用が必要となる。カラヤンの名をもってすれば、公の金も私の金も造作なく集められる。だが、他の個人が主催するとなればひどい困難が持ち上がらないとは限らないのだった。

途方に暮れた問合せはあとを断たなかった。応募者にも、状況とか新しい開催期日を訊ねる権利はあったのだ。

個々の事項だけに答えるというのではもはや返事ではあり得なかった。私自身も、沈黙するか、何度も印刷されたような、不誠実な取りつくろいの文句を考え出すかのどちらかしか、とるとすれば、とるべき道はなかったのである。

ベルリン・フィルのオーケストラ・アカデミー

全世界のトップ・オーケストラは後継者育成の問題をかかえている。国際楽壇のトップの位置をめぐる無慈悲な競争、レコードとテレヴィ契約の取引、最高の成果を得ようとする継続的な争い——こういったすべてが、そのようなオーケストラの楽員を志願する若い音楽家に影響を及ぼしてきた。オーケストラ側の期待を満たすためには彼らにどのような準備教育をほどこしたらいいのか。

ベルリン・フィルのオーケストラ・アカデミーは後進に役立つため一九七二年に設立された。むろん、このアカデミーで自分のオーケストラのための若い器楽奏者を招き寄せることも希望に入ってはいた。才能ある応募者は試験演奏に合格すれば入学を認められる。彼らに教えるのは実際のベルリン・フィルの奏者で、コンサートマスターや各楽器群のソロ奏者、それに教育に熟練した団員たちである。教育期間は最大二年で、費用は無料であり、月九百マルクの奨学金が出る。その上、練習も試験も実地のなかで行われる。アカデミーの学生は、その能力に応じて、ベルリン・フィルの練習、それどころか、演奏会に加わることを許されて、フィルハルモニーの日常の中で、その指揮者との作業に接して勉強するのである。

ベルリン・フィルは、他の大オーケストラも味わっている難問に加えて、質の高い後継者を見出すについて特別の問題をかかえている。以前ならばドレースデンやライプツィヒなど現在東ドイツ地域の都市から数多くの優秀な音楽家がやってきた。だが、ベルリンの壁ができてこの流入は中絶した。西ドイツのトップ・オーケストラで良い位置を占めている楽員は、ベルリンという孤立した町に移り住むのがいいかどうか、躊躇《ちゅうちょ》する。以前はベルリンをめぐる政治的不安が主な障害だった。だが、今では西ベルリンにまったく後背地《ヒンターラント》がないことが最大の欠点となる。歩けばすぐに醜い「壁」につきあたるのだ。

私たちのオーケストラ・アカデミーは、優れた音楽家を見つけ、ベルリン・フィルの高い水準まで教育する手助けをする。応募は全世界から集まる。オーケストラ・アカデミーがベルリン・フィルの前段階であるとするなら、いったいベルリン・フィルは国際的オーケストラとなろうと欲しているのか、という問いを発せねばなるまい。

また、このオーケストラはその個性を変えることなしに何人の外国人を受け入れることができるかという問題も考えねばならない。カラヤンは世界中の最良の楽員の所属するトップ・オーケストラを指揮したいのだが、オーケストラの方は数十年を経て確立し、まがうことのない個性を示す独特の響きを守りたいと願う。

ベルリン・フィルはずっと外国人をそのメンバーに加えてきた。その数は平均十人で、私たちの文化圏のヨーロッパ人だった。労働組合の配慮で外国人は限られた数しか就労できず、自国の音楽家が過度の競争にさらされないようになっている国もあるが、そのような考えはベルリン・フィルでは二次的なものでしかない。私たちの恐れるのは、響きの性格と演奏のしかたが変化することである。もしも、すべてのオーケストラがインターナショナルなトップ・オーケストラになることを考えたとしたなら、さまざまのメンタリティによって成り立っている多様な演奏の個性は平均化されてしまい、そもそも演奏旅行などむだになってしまうだろう。どのオーケストラもその金主と指揮者が把握する楽器にすぎなくなるのだ。

私たちのオーケストラ・アカデミーではあらゆるトップ・オーケストラの楽員を私たちの尺度に従って養成したらいいのだろうか。それは他の都市や国々の希望にかなうことだろうか。ベルリン・フィルが独特の個性の維持をことさら大事に思うのなら、それは他のオーケストラとて同じことであり、それぞれのオーケストラが独自のアカデミーを持つ方がいいだろう。この方向を目指す努力はいくつかなされているのだ。そうでなければ、ヘルベルト・フォン・カラヤン財団のオーケストラ・アカデミーは全世界の音楽家に進むべき道を指し示すことが当然できると思い、そうしたがるだろう。

マエストロとパトロン

このアカデミーの設立と存立とは主としてカラヤン財団と暗殺された財界人ユルゲン・ポントのイニシャティヴのおかげである。大銀行と大企業、そして特にベルリン州政府がそれ以来このアカデミーの維持に尽力してくれている。こうして多数の後援者の個人的、財政的努力がこのアカデミーの活動を保証しているわけだが、公的な文化活動をえてして狭めがちな官僚主義や政治による束縛にわずらわされずにこのアカデミーが、今後も活動を続けるためにはこのような個人的な支持が継続して確保される必要がある。

私個人はこのアカデミーで打楽器と理論の講師を務め、のちに事務担当の理事になり、校長になった。ベルリン・フィルのオーケストラ・アカデミーというこの団体の名は、ベルリン・フィルの一機関であると思わせがちだが、実はオーケストラから生まれたものではない。このアカデミーの誕生につながるオーケストラの決議などは存在しない。オーケストラ・アカデミーはカラヤンとそのオーケストラを崇拝する人々からのプレゼントであり、それが有難く受け入れられたのである。

さて、カラヤンとベルリン・フィルの仲が疎遠になり、危機の頂点では共同の演奏会も開かれなくなった頃、この遺憾な状態が続くかぎり、新しい奨学生をアカデミーに受け入れてはならないという指示を私は受けた。言葉こそこの上なく丁重で親しみがこもっていた——講師たちにも同じように伝えよとのことだった——が、事実は入学停止の措置だったのである。当時、カラヤンとベルリン・フィルがいつかよりを戻すとは誰も知らなかったし、決定的な破裂も不可能ではなかった。そうなればアカデミーもいずれは生命を終えることになろうし、アカデミーへ愛情を注いだとしてもそれがオーケストラにも注がれるのでないことは明らかになっていた。オーケストラの後継者養成の問題は事実解決されてはいなかったのだ。

私の見るところ、ベルリン・フィル・オーケストラ・アカデミーはヘルベルト・フォン・カラヤンに対する敬意の表現だった。金持ちが優れた器楽奏者に格別高価な楽器の使用を委ねる——それは奏者の卓越した能力を認め、彼の芸術を耳にして享受するためである——ように、この巨額の寄付はつまりはマエストロ・カラヤンの楽器であるオーケストラの装備をさらに良くしてもらうためだった。もしカラヤンがこのオーケストラをこれ以上指揮しないとなれば、その楽員の補給のための教育は不必要と見なされるのであろう。

このような物の見方が実証されるのは、カラヤンが死んだときであるが、寄付金のうちのあるものは別の催しにも流れて行くだろうということはすでにほのめかされている。万一あとで変化が生じたとき不意討ちはくうまいと私も覚悟をしていた。事務担当であり、校長である私はそれでなくとも倹約を心がける義務があったので、この学校をもっとつつましやかな基盤の上において、あまりひ弱にならぬ道を探ることにした。

オーケストラの賃金交渉、フィルハルモニー・ホールの新築、その他過去の数多くの臨時の問題が起こるたびに私は経験を集めていた。ベルリン・フィルには、理想にかかわることならば説得して利益とか収入の増大を諦めてもらうことができた。私が幹事を務めていた頃、放送中継の報酬に楽員も関与する件で州当局と意見の一致が見られなかったとき、楽員は、さしあたって誰にも報酬が払われなくとも、放送が行われることを全員一致で求めたのである。とにかく当座の不利益はありながら、このような大きな団体で意見の一致が見られたことを、当時の私は非常に誇りに思ったのだった。

カラヤン財団について言えば、豪華な書割の背後はどうなっているのか、オーケストラは承知していた。表面《おもてづら》をもっと金ピカに塗っても面白くはならない。必要とされている解明や変更に関係者の多くが無関心なことが、有望なはずのせっかくの企てを台なしにしていた。外見はカラヤンという名に徹底的に飾られていて素晴らしいし、それで十分なのだった。というのも、それ以外にこのオーケストラ・アカデミーに斬新な点があったろうか。フィルハルモニーの楽員が教えたことか。それなら彼らはこれまでドイツ人と外国人のため、プライヴェートで、ベルリン音楽大学でやってきたことだ。それとも学生がベルリン・フィルの演奏に参加できることか。それも以前からあったことで、音楽大学の最優秀の学生はエキストラとして練習や本番に動員されるのである。

ベルリン・フィルの団員たちはサッカーが好きでチームをもっていて、よく試合もする。

このことは、今述べていることに関連がなければ格別取り上げるに価しないことかも知れない。あるとき演奏旅行の途中、演奏会の日の昼前、私たちはブレーメン市の市音楽団チームと対戦した。相手のリードをゆるしていたとき、カラヤンがグラウンドの端に現れて陣取り、フィルハルモニー・チームを（タクトなしで）指揮した。

カラヤンが姿を現したことで試合はマスコミの興味も魅くことになった。同じように選手全員にも刺激が与えられた。私たちが敵のリードをどのように挽回したか、それをここに書くつもりはない――それは当時の新聞にまかせておけばいい。彼らは当夜の演奏会よりも詳しく試合の模様を報じた。

まったく取るに足らないような事柄でもカラヤンが手をつけるとびっくりするような反響が生じた。どれもこれもうまくいくので、チェリビダケは「カラヤン＝コカコーラ」というショックなごろ合わせを口にしたほどだった。これは脱線なのか、妬《ねた》み、いやみ、それとも感歎なのだろうか。きっとそうではあるまい。それとも、それらを少しずつは含んでいるのだろうか。

そんなことを考えていると、東京でのある出来事が思い浮かんだ。練習の間にはさまった休憩のおり、ティンパニー奏者と打楽器奏者の試奏があった。楽員たちも居合わせ、私はカラヤンの隣にいた。日本人の奏者が私のティンパニー協奏曲を試演している間にカラヤンは私に言った、「あなたはティンパニー奏者として、また作曲家としても有名なのだから、この上はティンパニーと打楽器を製造する工場を設けてはどうかね。あなたの名をつければ、きっと楽器はよく売れるよ」

私はこの儲かりそうな話に感謝したが、実際にそれをやってのける勇気はなかった。

ところで、アカデミーの生命を延ばす計画を練ることが必要になった。計画のいくつかは次第にはっきりとした輪郭をとりつつあったが、実行に移しても部分的にしか実を結ばなかった。その理由を述べるのはここでは差し控えさせていただこう。

アカデミーは他のオーケストラが同じような施設を設けようとするときの模範になっていた。彼らはそれほど気前のいい援助はもたなかったが、このような教育の援助の基本理念が気に入って、独自の試みに手を染めようとしたのである。

権力と反抗

私たちのオーケストラ・アカデミーについてことに功績があった一人にユルゲン・ポントがいる。彼の暗殺のニュースを聞いたとき、私たちは耳を疑った。犯人はこの犠牲者と面識のある若い人たちだったと聞いている。独裁者ばかりが標的にされるのではない。細やかな心配りをする父親タイプの人物も同じように危険にさらされているのだ。家族の上に暴君として君臨する父親ならばそのような恐ろしい行為を挑発したかも知れない。だが、暗殺という恐るべき方法で立ち向かうような我慢し切れない権力が他にあるだろうか。

これはそのときの話ではないが、指揮者に対してオーケストラの楽員から殺人の脅迫がなされるという事例もあったということが新聞に書かれていた。自分たちの指揮者と毎日鼻をつき合わせていなければならぬ中程度のオーケストラでは、多数の指揮者と仕事を共にするベルリン・フィルの楽員よりもはるかにきつい緊張を体験することになる。客演指揮者ならば不愉快な経験は少ない。彼らはいちばん良い面しか見せないからだ。ところが、首席指揮者との悶着《もんちゃく》は性質が異なり、緊張がつもりつもって病気とか激しい反対行動をひき起こすこともあるのだ。

あの危機の時期にいくつかの新聞の大見出しに次のような文句が並んでいたのを思いだすのもそのためである。

カラヤン曰く「フィルハルモニーの団員は私の死を待っている!」

むろん誰もカラヤンの身に危害を加えたりしはしなかったろう。しかし、彼がもういなければと、しばしの間でも望んだ人が少なくないことは確かである。このオーケストラは彼との壮大な演奏会の体験をこんなにもあっさりと忘れてしまうことができたのだろうか。そして、自分たちに多大の芸術的成功とそれに見合う収入を保証してくれた指揮者との仕事を続けるよりも、何の保証もない自由な未来の方がまだしも我慢できると思ったのだろうか。

ベルリン・フィルの楽員たちはカラヤンに耐え切れなくなっていた。そしてカラヤンが満たしそうもないと分かっているような条件を切り出した。自身とそして楽員たちとを夢のような輝きで包んでくれた男に対して彼らは一致して反抗したのだ。

権威主義の親は得てして子供をりっぱに育て、成長のすみずみまでつかんでいると信じがちである。実際、そのように思えるのだが、その家族ではありそうに思えなかったことが子供の身に突発すると色を失うのである。

カラヤンは脅迫の気配を感じたのだが、これはフルトヴェングラーのばあいはあり得なかったことである。

それにしてもユルゲン・ポントは暗殺された。どのような権力が我慢できないといって、この恐ろしい反対行動は企てられたのだろうか。それとも、ポントは何か別の力、例えば大きな金の力の身代わりになって死ななければならなかったのか。無力な人たちは、テロの力以外には何一つ残されていなくとも、その力を行使しようと思ったのか。

権威というものがどのような傷をもたらし、それがどのような連鎖反応をひき起こすか、フィルハルモニーの団員であった私がここに示していることに読者の中には驚く人もいるだろう。あのような運命をたどったユルゲン・ポントがカラヤン財団の後援会の会長であったことは偶然だろうか。ともかく、生涯にわたってカラヤンの意志貫徹能力が自分や他の人間に生ずる結果を身にしみて味わってきた私のような人間は、権力の行使とそれに対する反対行動に敏感にならざるを得ない。テロが流行し不安がたかまる風潮の中で、「河岸に腰かけて敵の屍体が流れてくるのを待つ」という古い東洋の金言が新たに意味をもってくるように思われる。

例えば『田園交響曲』の第二楽章「小川のほとりの情景」のカラヤンの、まるで「この世はすべて事もなし」と言わんばかりに落ちついた流麗な指揮ぶりが眼の前に浮かんでいるとき、突如としてフルトヴェングラーの姿が私の想像の中に割って入り、このような静穏な箇所でさえ湧き起る彼の強烈な感情の多彩な展開で私を驚かすことがある。この楽章を書いたときのベートーヴェンはどちらの気分でいたのだろうか。

カラヤンと彼の財団に話を戻そう。彼のもとでは彼をとりまく人間とあらゆる機関が機能を受け持たされている。カラヤンは彼の壮大な、あるいは芝居がかった想念を実現するために協力者を必要としてきた。彼はこれらの人間を舞台の中心に立たせたかと思えば、また、必要がなくなれば、無造作に取り除く。しかし、彼自身はつねに演出者なのである。そして彼のこの芝居の中の一役を貰《もら》おうとしてすべてを投げ出す気にならなかった者がいるだろうか。

指揮者コンクールもオーケストラ・アカデミーも事情は同じだった。それは巨大で崇高な芝居の可能性を提供するものだった。だが、ここでも、この楽しくも残酷なカスパール人形茶番劇の出演者はいくらでもいたのだった。そして敵役を次から次へと計略で締め出したり、黙らせたりする主人公に歓声が浴びせられるのである。

かつて、フルトヴェングラーとカラヤンとを並べ比較するのはつねにベルリン・フィルの団員の興をこの上なくそそることだった。しかし、次第にフルトヴェングラーの記憶は薄れ、今は彼を知っているものは数少なくなってしまった。カラヤン就任直後の頃は、これ以上に面白い話題はなかったのだが。私が思い起こすのは第一ヴァイオリン奏者のハインツ・リンデホルツのことだ。彼もフルトヴェングラーとカラヤンに単に仕事の上で「仕えた」だけではなかった。リンデホルツは家に帰ると二人の頭部を彫り、青銅で鋳造した。そしてそれをレッスン室に飾り、日々の練習の際にまさに一本一本の指先に至るまで二人の監視を受けたのである。これほどまで二人の人格と取り組もうとする気持は他の同僚もおそらく起こさなかったことだろう。

この二人の偉大な好敵手について私が思うのは、フルトヴェングラーの創造的な指揮ぶり、そしてカラヤンの再創造的なそれである。それらは私自身の芸術的成長の一つ一つの段階につながっている。

六歳になったとき、私の音楽教育はピアノの即興演奏で始まった。私の先生のG・F・ヴェーレの教育方針は私の音楽体験と姿勢に永続的な影響を与えた。他の子供たちには毎日の練習が時間もやり方もくわしく決められているのを見ると、私は自分がひいきされていると思った。自分の思った時に思ったものを弾けばよかったからである。演奏しながら、楽しみながら物を作り上げる道を意識的に私に示してくれるような創造的な人間とまだ幼い頃に出会ったことだけでもすでに幸運だった。主題に基いて変奏の音楽を考え出して書くことを習いながら、私は、その応用として日常のさまざまな用件を片付ける際にも有効な代案を探して見つける習慣がついた。

もっとも、即興演奏を教わった最初の頃、そのような実験に私は反抗したものだった。ある歌が気に入ったばあい、それを何度でも変えずに弾くことで十分だったのだ。自分が美しいと思うものをなぜ変化させねばならないのか。楽しい旋律から葬送行進曲を作ることや、またその正反対のことにしても、自分の趣味には合わないことだった。まったく正反対の感情を同じ一つの旋律で表現できれば、それに代わる新しい旋律を探すよりはましなのではないか。自分のやっていることが思い上がりのように感じられて、よく異議を唱えてみたい気になった。ところが、それこそヴェーレ先生には思うつぼだったのだ。与えられたものを模倣するだけでなく、すべてのことに自分の意見を展開することが望ましいと言われたが、旋律や和声の着想や習得、そしてそれらの味得についてはできるかぎりバランスをとることが求められた。先生は節度と明快な構造を好み、でたらめな即興演奏ははねつけた。彼は狙いをもった質問を発して、思う方向に導いていった。発表会のときには聴衆から主題を出してもらって、生徒の私たちはそれをその場で処理させられるのだった。

即興演奏の技術というものが誰にでも習い覚えられるものかどうか、疑問をもつ人は相変わらずいる。しかし、それは可能なのだ。ただ、何かを創り出そうという願望には、刺激を与えてやり、好意をもって見守ってやることが必要なのだ。

この種の練習が私にはしだいに自明のことになってきたので、のちの人生では音楽以外の分野にも自然とこの方法を応用するようになった。目標にたどり着けないときは、袋小路で立ち往生する代わりに、それを変奏してみる可能性は十分にあったのだ。

即興演奏はやがて作曲につながった。フィルハルモニーの楽員には作曲する者が何人もいて、私と似たような教育を受けていた。この本に即興演奏の章を立てたのも、フルトヴェングラーやカラヤンのような音楽家について、どのような角度から、どのような姿勢で述べるかが重要であるからだ。オーケストラの楽員が先生の指図に従い、素直かつ勤勉に自分の楽器を習得したのであれば、後のオーケストラ生活でも彼は指揮者の要求にも楽に従うだろう。それがたくさんの仲間といっしょに同一声部を弾くとなればなおさらのことである。

そのような教育を受けていれば、音楽や、また職業上以外の多くの事柄に対する私の姿勢も自ずと違ったものになっていたかも知れない。そして、若い頃の私に即興演奏がいわば道しるべとして与えられていなかったら、おそらくこの本を書きはしなかったろう。私が持ち出す提案や刺激はオーケストラの内外を問わず、知人の大多数から歓迎され、励ましも受けたが、なかには癪《しゃく》にさわるとか、思い上がっていると感じた人も少なくなかった。それは子供の頃にこのような勉強を始めたときに私自身が体験したこととまったく同じだった。それは実際幼い私の悩みの種でもあった。変奏というやり方は、因習にしがみついている人々を不安に陥れるために考え出されたものではないことをすべての人に信じて貰《もら》おうとしたが、それは絶対に不可能だった。こうして、この数十年のいろいろな現象や、またとりわけ私の同僚たちのふるまいとそれに対するカラヤンの反応から学んだことは、人々は自分の責任で新しい意見を出し、いわば主題を変奏する努力を次第に面倒がり出したということだ。それだからこそ、傲慢な人からは傲慢と見られ、有産階級からは危険視され、あらゆる展開をあらかじめ計算しておきたい権力者からは危険な因子として阻まれる即興的変奏のような実に生産的な方法こそ、私の夢や作曲の中まで現れて私を追いかけまわすカラヤンという人物との対決には打ってつけのやり方なのである。

私のカラヤン作品

二人のティンパニー奏者、一人の歌手、合唱とオーケストラのための私の協奏曲が生まれるについては、その前にカラヤンとのスリルにとんだやりとりがいくたびかあった。自分の考えている響きを細かいところまで固めておくため、カラヤンは録音の始まる前には音響調整室に入るのがつねであり、ティンパニーのいろいろなハンマーの響きを実演させた。ところがこれはけっこう煩わしいことだった。それなら弦楽器の弦についても、管楽器のマウスピースや管部についても同じ心配をしてもよかったのである。カラヤンが調整室から出てきて、ハンマーの選択について決定を下したとき、実は彼がだめだと言った第一の組のハンマーと、大変良いと言った第四の組とは同じ物であると私は彼に言った。私はただ叩き方を変えただけで、最初は手首で短く、ドライに叩き、次は腕全体を使って重くしなやかに叩いたのだった。同じようにしてピアニストが打鍵のやり方を変化させることで違った響きを出すことも実証できるだろう。ハンマーの頭の材質を変えることによる音質の極端な変化はこのこととは無関係である。

ある日のこと、カラヤンは私よりも私の同僚の方が強い音を出せると言い張った。私は反論した。そこで彼はその実験をやり、物理的に音量を測定する気になった。私はその結果に期待した。というのも、ただ力を入れてみてもことさら良い響きは得られないからである。演奏会でよくティンパニーの皮を破る人は絶対に優れた音楽家ではない。次のレコード録音の際に音量を測定するチャンスがあったのだが、カラヤンは何も言わなかった。だが、この面白そうな競争をいつまでもお預けを食わされたままでいるつもりは私にはなかった。私は仕事にかかり、私に対するカラヤンの借りであるところの、二人のティンパニー奏者の力競べを表現した上記の協奏曲を作曲した。

私はこの曲を『太鼓合戦』と名づけた。主題として役に立てたのは古代ギリシアの叙事詩『蛙と鼠の合戦』である。もととなったこの作品では、人間生活の伴侶であり、厄介なばかりで何の役にも立たぬこれら動物たちの戦争が英雄的に誇張され、神々はこの血なまぐさい合戦の模様を面白がっている。ホメロスかヘシオドスの真面目な叙事詩の文体をふざけて借用しながら、当時すでにあった英雄崇拝をとことんまで徹底し、しかも同時にそれを茶化すことを忘れなかった。大詩人の情熱で戦争が讃《たた》えられるとともに、蛙や鼠が登場して思い切りおとしめるのであり、それはまさにこの「力競べ」や現代の英雄崇拝の風潮に打ってつけであった。

私のパロディーでは英雄的戦士として二人のティンパニー奏者を舞台に上げた。めいめいが支配している四つのティンパニーを叩き、それぞれのオーケストラに支援を受ける。ゼウスと神々の合唱隊《コロス》が激闘をいやが上にも盛り上げる。費されるエネルギーは少ないものではないが、力を誇示しようとすれば誇張が必要になるものだ。だからといってすべてがフォルティッシモというわけではない。いやみというものはたいていは小声で言われる。私はチューリヒの病院で長期の治療を受けているカラヤンのもとにこの総譜を送り、きっかけを与えてくれたことを感謝した。彼はお芝居ならばいつでも腰が軽いたちで、折り返しの返事には自分でこの曲の初演をしたいとあったが、それは一九七七年のベルリン芸術週間で実現した。ティンパニーに向かい、私は同僚と合戦した。この曲にこめてあった真意をカラヤンに告白したのは初演が終ってからのことである。のちにクルト・マズーアから招かれ、ライプツィヒのゲヴァントハウスで東の同業者に対抗して西のパートを演じて愉快な合戦を行った。どちらも合戦に勝ったと思っていたのだった。

もう一つ作品を挙げることにしよう。これはカラヤン危機が頂点に達したときにベルリン・フィルの団員によって演奏された。詩篇一三九番に作曲した、この『全能の神』は、全能の父が、彼を崇拝すると同時に抵抗もする子供たちの間に引き起こした、矛盾した反応を扱っている。全能の父は何でもかなえてくれるが、しかも彼のなすがままに従わざるを得ないとすればそれも一種の侮辱となる。なぜなら、彼にすべてを負うているという感情は自尊心を削るからである。こうして侮辱されれば反抗が生じ、意識下の恨みはさまざまなレヴェルで発散される。いろいろな楽想を用いて描かれた敵のイメージがその力を展開して行く一方で、その声は憎悪の誓いによって（電子的に）異化されるのである。高慢と狂信の続くなかに悪魔の笑いが響いてくる。

この詩篇に作曲した他人の作品を検討するうちに、いくつかの作品は好戦的なくだり（一九―二二）を省いていることが目についた。もしかすると作曲者はこの部分をキリスト教にふさわしくないと思ったのかも知れない。だが私は攻撃性が爆発するこの箇所に苦心した。一九八三年十月二十六日の「ターゲスシュピーゲル」紙に「特異な平和コンサート」という題で批評を執筆したA・デュムリングは私の作品が「ベルリン・フィル内部のグループダイナミクスに関係がある」と見た。作曲者が、このオーケストラの父親で必ずしも敬愛ばかりされているわけではない偉大な人物に対する自分の関係を詩篇の詩句を借りて表現したことを彼は明察したのだった。

オペラ『楽園追放』

いま一つ神にまつわる話を述べる。それはレシェク・コラコフスキーの映画脚本『楽園追放』の中に見つけたものだ。ドイツ出版協会の平和賞授賞を機会にフランクフルトでコラコフスキーに会い、彼の脚本をオペラに作曲したいという希望と意図を話したところ、彼は笑うばかりで取り合わなかった。しかしのちになって題材について変更や補充や拡大が必要になったとき、彼はこちらの気持までよく汲んで協力してくれた。カラヤン問題が私をこの素材に向かわせたのだった。コラコフスキーがカラヤンを念頭に置いていなかったことは確かだが、もしかすると似たような時事的な事件がヒントになったのかも知れない。

さて、このオペラの内容に話を移すと、カラヤン的メンタリティを体現しているのは、あるホテルの総支配人とその代理の男である。この支配人は全能の権力をもち、旧約聖書の創世記の物語に新たに手を入れて上演しようとする。人類を象徴する人物としてアダムが最初の客になる。天使たちはホテルの使用人に変装して四六時中可能なかぎり客をもてなす。アダムはいちばん立派な部屋をあてがわれ、何一つ不満が起きないように配慮されている。スパイに変装した二人の天使はアダムの行動のすべてを撮影し、あらゆる発言をテープに録音するよう命じられている。支配人はすべてを知り、監視せずにはいられないのだ。そのアダムがこのような素晴らしい待遇を受けていながら病気になったとき、支配人は憤慨する。アダムは手術され、彼の体はあますところなく解剖されるが何一つ異常はない。手術をした医者たちは孤独症候群ではないかと推測する。治療法として二番めの客エヴァが作られる。幸福な相思相愛の日々が過ぎるうち、二人は楽園が退屈で面白くないことを体験する。サーヴィスは行き届き、金もかかっているにかかわらずそうなのだが――もしかしたら、まさにそのせいかも知れない。たとえ、ほとんど気づかれないようにして行われるにしても、細かく気配りされ、たえず監視されているのでは息がつまりそうになる。二人は楽園から逃げ出す決心をする。

楽園ホテルの支配人が神の立場にあるとすれば、それに対立するサタンの側を体現しているのが支配人の代理人である。サタンも神の楽園の一部を形成するもので、ホテルの支配人の別の面を代表している。この代理人に会うことを客たちは禁じられている。けれどもエヴァは道を見つけ、また代理人をいっしょに訪ねるようアダムも説得する。訪問を受けた代理人のサタンは、二人が、そして人類がどんなことができるかを物語り、教える。彼は二人がそれまで夢想していなかったようなさまざまの欲望を二人に吹き込み、二人は彼から、人間が神になれるような、驚くべき発明を示される。有頂天になっている二人は、もはや帰る道が塞がれ、楽園が失われたことに遅まきながら気づく。だが、追放は永遠ではない。楽園に戻る条件はいつの日か教えられるだろう。アダムとエヴァは驚き絶望するが、どうしようもない。彼らは地上へ降りるしかないのだ。

代理人は地上に自分のホテルを建てている。それは楽園のホテルよりも大きく高い。天上の楽園の代わりに、ここには大きなコンクリートの建築現場がある。このホテルは高層建築で、下の方の階は人間でいっぱいで暗い。中ほどの階の方がいくぶん凌《しの》ぎやすい。上の方の階だけが光も太陽も届いて、生活するに価する。誰もが上の階を目指すのですさまじい争いが起きる。エレヴェーターの鍵を持っているのはこのホテルの支配人であるサタンだけだ。彼は自分が目をかけたくなるような客を探し出す。客たちはそのことに気づいていて、上の階にたどり着こうとして、サタンの前に身を投げ出したり、抜け道を探したりする。皆が同じ目標を目指すのだから、いろいろとなりふりかまわぬ振舞いが起こる。

トップ・レヴェルのスポーツ選手とか指揮者とか、にせの聖者とかがこみ入った道をたどって上へ上へと登っていく最初のうちは、何か競技のような様子があった。勝負に敗れた者は勝者に思い入れすることで満足し、彼らに歓声を浴びせる。この争いを地上のホテル支配人は面白がって見守っている。実は彼にはもっと大きな目標がある。彼は天上の楽園にいるボスに、誰が結局は権力を握り、より大きな成功を収めるか、見せてやろうと思っているのだ。彼は上行エレヴェーターの鍵をもっていて、権力者や科学者を選んで上へ運ぶ。彼らはサタンと同じように自己顕示欲に取りつかれていて、例えば発明といったような華々しい行為によって不死を獲得するため、なりふりかまわず自分個人の上昇を誇示してみせる。そのときに、多数の人々が、ときには皆が落ちていっても頓着することはない。

アダムとエヴァもこのホテルに部屋を見つける。そしてこの危険な競争に参加することになる。

おわりに

私がフルトヴェングラーやカラヤンについて話すと、たいていのばあい二人の政治的立場について質問を受ける。ところが私が二人を知ったのは戦争が終ったあとのことだから、このテーマを扱った出版物を頼りにするしかないのだ。そして年上の同僚とか、当時の文化情勢に精通した専門家、そしてとりわけエリーザベト・フルトヴェングラー夫人との話で私は知識を補充したのだった。

ナチス時代に危険にさらされた人々を助けるためフルトヴェングラーが自分の生活と生命を賭したことは周知の事実である。彼はあの恐るべき時代にドイツに背を向けなかったといって非難された。アメリカへの移住ということを彼が考え悩んだことは間違いない。

しかし彼は自分がドイツ人のなかのドイツ人であると感じていた。それは音楽家のなかの音楽家と感じていたのとまったく同じであった。そうしながら、彼にはどのドイツ人とどの非ドイツ人が指揮権をふるっているか、よく見ていた。独裁政治と独裁者たちの頑迷さを彼は憎んでいたのだ。

命令という形式はフルトヴェングラーにそぐわない。彼は自分の考え方を私たちの前でみずから生きて見せたのであり、オーケストラの団員も彼に従うのだが、それはどんな権柄《けんぺい》ずくのやり方をもってしても達成し得ないことだった。たとえ、祖国に留まることが誤解されようとも、危機の時代に彼は親しい人々を見捨てることはできなかった。しかし、それはただの一面でしかない。

いま一つの面では、フルトヴェングラーはけっしてアメリカに魅かれてはいなかったのである。そこからもたらされたのは、親切な招待とはまったく別物だった。同業の指揮者たちは彼を中傷するために憂き身をやつしていた。フルトヴェングラーが自分たちと並んで立つと自分の栄光のいくばくかを犠牲にすることになろうと彼らは悟っていた。彼らは部分的にすでにヨーロッパで体験していたのだ。だが、当時のフルトヴェングラーがナチス党からは遠ざかり、迫害を受けた多くの人にしばしば救いの手を差し伸べていたことは、多くの人の知り得ないことだった。

イタリアのファシスト党の最初の党員の一人であったトスカニーニもフルトヴェングラーの本当の姿勢を知っていたら、あれほどの非難を浴びせることはなかったろう。

カラヤンも、ナチス党に二度も入党してはいるが、確信あっての党員ではなかった。彼が熱中し、親しみのこもった言葉をかけることのできた、唯一の関心ある党とはカラヤン党だった。この党には党員手帳は不必要で、後援会費の振込用紙で十分だった。このような後援者の同志をカラヤンは真の芸術理解者と呼び、この選ばれたサークルは音楽祭から音楽祭へと彼のあとを追って旅行した。そして同調者に至っては数知れずで、出費がそれほどかさまないならば、彼らとて喜んでカラヤン党籍を申請することだろう。

フィルハルモニーの団員はこの党の党員だろうか。彼らは後援を受けると同時に後援者の役も務める党員で、心からなっている者とやむを得ずなっている者とに分かれる。彼らはカラヤン党に共同責任をになっていて、支持者であり、その晴ればれしい枠を形作ってはいる。ところが、一九八四年の聖霊降臨祭のときのようにあっさり他の者と取り換えられることに甘んじなければならなかったこともあり得るのだ。

フィルハルモニーの団員たちは未来の首席指揮者となる人物をことさら精《くわ》しく観察することだろう。彼らは目利きである。オーケストラの楽員はボディランゲージを解釈するについては玄人である。身振りの語る言葉を読み解くことによって彼らは日々の糧を得ているのだ。自分の感じていることを言葉になおすのにしばしば困難を感じる指揮者がいる。響きを決定するのは姿勢、顔の表情と手足の動きである。指揮者が喋《しゃべ》りすぎるとオーケストラは不安になる。彼の言葉が彼の動きと違ったことを表現してはまずい。指揮者たちは自分でそのことがよりよく分かっているのではないのだろうが、彼らの誰もが信頼に価するわけではないのだ。彼らは高い指揮台という試練の場に立つことに耐えねばならない。そこでは黙っていることも、何かを隠すこともできない。そうすることは彼らのプラスにもマイナスにもなるだろう。指揮者がオーケストラに対して自分の意志を疎通させるためにあたって、決定的なものはボディランゲージである。それ以外のものは演奏の間は頼みにならない。一本の指のごく些細《ささい》な動きすら意味をもち、音楽に移されてしまう。顔にさらにしわが寄ったり、あるいは突如として輝かしい表情が顔一面に現れたりすれば、そういったすべては音楽に影響する。それからいつも——眼は霊感を送り出し、オーケストラの奏者がそれを正しく解釈したときは、うなずいて見せるのだ。

カラヤンとフルトヴェングラー

そういうわけで、フルトヴェングラーの生誕百周年の機会にテレヴィのカメラとマイクに向かって話すことを求められたときのカラヤンのボディランゲージを正しく解釈したことに私は自信がある。彼はそれまでフルトヴェングラー記念演奏会のときにベルリンにいたことがなかった。しかし、今度もまた、自分の先任者の顕彰の役目を外来者にまかせたとすれば、目立ちすぎというものだった。カラヤンは行動に踏み切るのに克己が必要だったことがありありと見てとれた。彼の顔を知り、さまざまな中間ニュアンスを含めて彼の声を知っている者には、彼が前任者にどれほどよそよそしい気持でいるかは隠れようがなかった。彼の最後の「感謝します」という言葉は冷たかった。そして、インタヴューの相手に背を向けるときの軽蔑的な腕の動きははっきりと語っていた。君たちはここで僕に無理強いしようとするのか。フルトヴェングラーの世界は僕の世界ではないよ。なぜ君たちは僕が設けた垣根を尊重しようとしないんだ。

聴衆の大多数が必ずや期待したことだったが、カラヤンは記念演奏会でフルトヴェングラーの交響曲の一楽章すら指揮しなかった。私は、カラヤンがフルトヴェングラーの音楽を演奏することをまったく想像できない。彼にそんなことを期待してはいけないのだろう。フルトヴェングラーにしてみればこの日天国から自分の音楽を聴きたかったことだろう。だが、こんな情況では諦めていたことと思う。

フルトヴェングラーの音楽を演奏していればカラヤンは前任者の間近に身を置くことになったのである。それはフルトヴェングラーの生前にもなかなか難しいことだった。以前、二人はじかに話し合ったことはなく、エージェントを通じて往き来があるだけだった。第二次大戦が終って、ようやく偶然のいたずらか、フルトヴェングラーが汽車でザルツブルクからヴィーンへ向かうところへ、カラヤンがスキー支度をして乗り込んできたことがあった。そのあと彼らが会ったのはただの一回で、それはフルトヴェングラーがベートーヴェンの第七交響曲を指揮した際に自分が味わった特別の緊張はどうやったら達成できるのか、それを聞き出すためにカラヤンがライヴァルを招いたときだった。フルトヴェングラーはこの出会いのことが気に入っていたようだ。年下の同僚からそのような質問を受けるのがうれしいのだった。しかし、それ以上二人の間に接触が生ずることはなかった。

いま一つの理由からも、カラヤンが前任者の音楽を指揮することはあり得なかった——そうすれば、フルトヴェングラーが作曲もしたことを聴衆に思い起こさせることになるからだった。

この記念の日にカラヤンは『ドン・キホーテ』を指揮しようとした。フルトヴェングラーはR・シュトラウスに強い親しみを感じていたからである。けれども、私は選《よ》りに選《よ》ってこの『ドン・キホーテ』をフルトヴェングラーのプログラムに見出したことはない。この曲は実はカラヤンの十八番《おはこ》なのだった。この曲で彼はライヴァルを凌《しの》いで見せようとしたのか。それとも、単にこの曲を同時に行われる録音に利用するためだけだったのか。あらゆる芸術上の問題について意見を求められるオーケストラがこのとき何か具申したのだろうか。それとも、こんな晴れの機会には首席に意見を言わない方がいいのか。前任者との関係でカラヤンがどれだけビリビリするかは、いくどもオーケストラが身にしみて味わってきたことだった。だから「フルトヴェングラー協会に加入」しようというのはまさに勇気を験されることなのであり、不必要な摩擦は避けるのが賢明だったのだ。

音楽ファンがいまなお、いやそれどころか以前にもましてフルトヴェングラーに熱狂するようになった現在ならば、二人の比較ももっとくつろいでできるのかも知れない。一九八〇年から八二年にかけ、東京で指揮科の入学試験の際に、どの指揮者を見習いたいかという問いが学生に出されたが、彼らの答は一致していた。フルトヴェングラーが第一位だったのだ。第二位については意見がわかれたが、このようなことが、東京というはるか遠い世界で、しかもこの指揮者が死んでほとんど三十年もたって起こるのである。

だが、フルトヴェングラーが模範になるとは、この日本人たちはそれをどう理解していたのだろうか。彼のようには誰も指揮できない。ただし、フルトヴェングラーとまったく同じ素質をもち、同じように音楽に対して燃えたち、同じように自由かつ堂々と感激と格闘とを示すというのなら話は別である。

それとも、あの答の意味することは、私はフルトヴェングラーを見習うが、それはまさにフルトヴェングラーとかカラヤンとか誰かのような指揮者になろうとは思わない、また流行のあとを追うこともしたくないということだろうか。自分が望むのは、自分の心の奥底がどのようであるか、音楽が、また特定の作品がどうして自分の心に触れてくるか、むしろそれを究めたいというのだろうか。指揮者たちがフルトヴェングラーを引き合いに出しても、その結果はまったくさまざまになるに違いあるまい。だがもしかすると、創造のプロセス、さまざまな創作、いや創作そのものに畏敬の念を覚え、それらに対して共同責任を自覚する点では意見が一致するかも知れない。

さて、最後にいまいちどカラヤンをフルトヴェングラーに対比させてみよう。カラヤンの名は最近三十年間という時代に成しとげられた多くの見事な発展の代名詞となり得るものだ。彼ほどに時代の世界的流行の本質を見てとった者はいない。彼はまことに魅惑的な輝かしさと名人芸でこの鍵盤を演奏した。世界の好みと需要のためならばカラヤンはそれぞれ打ってつけの物を何なりと提供してきた。今日、カラヤンなら誰でも知っている。

今日のベルリン・フィルの団員のほとんどはフルトヴェングラーを識《し》ることができなかった。だが、それでもフルトヴェングラーとカラヤンとの対決は、たとえ団員のあるものがそのプロセスを意識することがないにせよ、このオーケストラの内面に強く根づいている。将来どの道をたどろうかと考え、そのためにどのような指揮者を望むべきか、いずれ彼らは決心しなければならなくなる。フィルハルモニーの団員たちが未来の道について明快な答を求めようとするとき、フルトヴェングラーとカラヤンはそこに姿を現すことだろう。

訳者あとがき

一九八八年八月十五日、日本にいれば終戦記念日にあたるが、ドイツではマリア昇天祭が祝われる日だ。午後一時のパンアメリカン機でフランクフルトを発ち、西ベルリンに向かう。連日の快晴で気温も午前中で二十七度をこえていたが、フランクフルトから六百キロ北のベルリン・テーゲル空港に着くと、心なしか空気が涼しい。空港からタクシーで、ツェーレンドルフ区のアム・ヴァルトハウス街三四に向かう。ベンツのタクシーは市内アウトバーンを一四〇キロのスピードで走り、約十五分で目的地に着く。料金三四・五マルク。かなりの距離だ。ベルリンも町はずれに近い。

こうして僕は『フルトヴェングラーかカラヤンか』の著者ヴェルナー・テーリヒェンに目見えたのだった。もっとも、ベルリン・フィル（またはフィルハルモニー）の首席打楽器奏者を三十五年も勤めた人だから、ステージ姿は僕もいくどか見ているに違いない。しかし、このように近々と対し、握手するのは初めてだ。

七月下旬からミュンヒェン、バイロイトに滞在し、両音楽祭に臨むのが今回の僕の旅行の主な目的だったが、僕のトランクには『フルトヴェングラーか……』の初校のゲラ刷もはいっていたのである。著者に会ってこのゲラを見せて進捗状況を具体的に示し、あわせていくつかの内容に関る質問もしようという意図を、バイロイトから電話で伝えたところ、快諾の返事が得られたのだ。

テーリヒェンの風貌は本書の幾枚かの写真に見られるとおりである。頭髪に白さが増した感じがあるが、一九二一年生れといわれても信じられないほど矍鑠《かくしゃく》としている。内容についてのいくつかの質問にもてきぱきと答えてくれた。初版にはつきもののミスプリントの疑問もたちまち氷解した。例えば三五ページの「……指揮の身振りをごく表面的に鏡を前にして稽古する……」の部分は、原著では「鏡《シュピーゲル》」が「演奏《シュピール》」となっていたが、直観的にこれはおかしいと思い、質《ただ》したところ、そのとおりで「ゲ」の字が脱落していたのだった。

こんなユーモラスな間違いのために質疑応答の雰囲気はじつになごやかなものになった。相変らず快晴の昼下がり、戸外の陽射しには暑さを感じるが、樹々に囲まれたテーリヒェン家の客間はひんやりとしている。話はいつしか、本の内容から外れて、ベルリン楽壇の四方山話に移っていった。二十年余り前西ベルリンに僕が滞在していたときのベルリン・フィルのプログラムにテーリヒェンの作品が登場したことも想い起こした。もしかしたらそれはピアノ協奏曲で、独奏者は園田高弘氏だったかも知れないのだが、その部分の記憶はさすがに曖昧《あいまい》になっている。

テーリヒェンはベルリンの東およそ六〇キロのノイハルデンベルクに生まれた。ベルリンを囲むブランデンブルク地方の森と水の豊かな辺りの小都会で、東ドイツになってから、現在のマルクスヴァルデと改名されたらしい。テーリヒェンが本文で説いているように、彼もまたベルリン・フィルに人材を供給してきた後背地の出身なのだ。ベルリン音楽大学で作曲と指揮を学んだのち、ベルリン国民歌劇場を振出しにハンブルク、ベルリンの国立歌劇場の打楽器奏者を経て、一九四八年にベルリン・フィルに加わった。かたわら一九五〇年代から活発な作曲活動を行っている。

テーリヒェンはベルリン・フィルとともにいくども日本を訪れているが、そればかりではなく、東京藝大や武蔵野音大の講師としてもいくどか招かれて親しく指導をしているので、名誉称号を贈られているほどなのだ。その楽しい記憶はアルバムの写真とともに、いくつかの美術品となってこの客間を飾っている。どれもテーリヒェンを敬愛する日本の弟子からの贈物なのだろう。東京藝大の演奏会で自作のティンパニー協奏曲を独奏する写真は大変によくできていたので、日本語版に掲載するため、アルバムからはがして東京へ持ち帰ることになった（二三一ページの写真参照）。

テーリヒェン夫人は神経科の女医さんで、通りをはさんで反対側の家にクリニックをかまえておられるが、その空いている二階にその晩は泊めていただくことになった。前にも書いたとおり、西ベルリン市の西南端にあたるこの辺りは、森と湖が豊富で、このような恵まれた自然があるからこそ、近代的大都市に住みながら、ソ連による長期間の封鎖に西ベルリン市民は耐え得たのだという思いがする。

西ベルリンには数々の旧知がいるので、その誰にも会いたいのだが、僅《わず》か一泊の旅では機会は限られている。その中でとりわけ気にかかるのが、妻の恩師でピアニストのヘルムート・ロロフ教授だった。実は、本書を翻訳しているうちに、テーリヒェンが紛争中のベルリン音楽大学に講師として招かれる段になって、ひょっとすると、彼を招いた学長はロロフ教授ではなかったかと思っていた。その点をテーリヒェンに質すと、まさにそのとおりだった。そしてその晩八時にテーリヒェンに連れられて、同じツェーレンドルフ区の木立ちの中にあるロロフ邸を訪ねることになった。僕はテーリヒェンのベンツに同乗させてもらって定刻に少し遅れてロロフ邸についた。北国のベルリンではあるが、八月も半ばになるとこの時刻ではかなり夕闇の色が濃くなっている。しばらく庭に面したヴェランダに出て懐しい話をしていたのだが、日中と違って夕暮れの大気は徐々に冷たさを増して行ったので、夫人の勧めもありロロフ教授の健康も気づかって早々に暖かい室内に引っ越した。ベルリン楽壇にはすでに第二次大戦前の一九三〇年代にデビューを果たしているロロフ教授からすると後輩にあたるテーリヒェンはこの席では、先輩を立てていくたの興味深い思い出話を引き出した。それは本書の内容のいわば前史をなすような話ばかりだった。ロロフ教授には日本人の弟子が多数いるが、誰彼の消息を訊《たず》ねられて、僕は知っている限りの答えをした。話の途中からはテーリヒェン夫人も加わって話はいっそう賑やかになった。彼女は診療が終ったあと、別の区で行われるアマチュア・オーケストラの練習に加わってヴァイオリンを弾いていたので、遅くなってしまったのだと聞いてテーリヒェン家の音楽好きがご主人の職業に留まらないことが分かった。ロロフ家でも、ご子息の一人は画家でその不思議な山水画が客間を飾っていたが、今一人はピアニストの修業中と伺っている。

なおテーリヒェンは、カラヤン財団の仕事が開店休業中なので、次の著作にかかっているかたわら、指揮活動にも精を出している。スタジオの壁にかかっていたロシア語のポスターはその活動の一端の記録で、ソ連邦のリーガでの演奏会だった。シューベルトの第八交響曲とならんで、テーリヒェンの自作もプログラムにあった。マルチ人間テーリヒェンはますます才能を発揮しつつある。

さて、本書は Werner Thärichen : Paukenschläge -Furtwängler oder Karajan- ©1987 M&T Verlag, Zürich/Berlin. の全訳である。僕がこの本を手にしたのは、一九八七年の五月のことで一読して、これはぜひ日本に紹介すべき本だと思った。そこで直ちに音楽之友社の堀恭女史に電話して翻訳権を確保して頂いたのである。フルトヴェングラーについて造詣の深い芦津丈夫氏は同年夏フルトヴェングラー未亡人を訪問した際、本書の翻訳を勧められたそうであるが、いち早く僕が着手していたので、芦津大先輩には申訳なく思っている次第である。

本書の内容はまえに読まれるとおりで、ベルリン・フィルの内幕と歴史をえぐってまさにインサイダーの手になる貴重な報告となっているが、ことにヘルベルト・フォン・カラヤンの人間性についての叙述はなるほどとうなずく人も多いだろう。帰国の途上のBA機内で、いくども繰返してイヤホンから流れるカラヤン指揮の『魔弾の射手』序曲を聴きながら本書の内容を反すうしている僕だった。

テーリヒェンは内容の客観性を期するため、つとめてフルトヴェングラーとカラヤンの二人を公平に扱おうとしている。そのためだろうか、読み始めてすぐは、そのどちらに好意をよせるのかはっきりせず、はがゆい思いもさせられるのだが、結論は明快で、世のフルトヴェングラー・ファンはうなずくことだろう。カラヤン時代の終りを間近にひかえて、その後継者の選定にますます興味がわくこの頃である。

一九八八年十月

高辻知義

東京藝術大学の定期演奏会で自作の『ティンパニー協奏曲』を独奏するテーリヒェン

解説

中川右介

一九八八年に本書の単行本が日本で刊行されたとき、私もすぐに買って読んだ。あくまで記憶の範囲だが、それまでこの二人、フルトヴェングラーとカラヤンを比較して論じた本はなかったと思う（音楽雑誌の特集ではあったかもしれないが）。二人は活躍した時代が異なるので、「ライバル」とは思われていなかった。フルトヴェングラーのライバルはトスカニーニやワルター、カラヤンのライバルはベームやバーンスタインだった。その意味で、この二人の組み合わせは珍しく、その比較論は興味深かった。

しかしこの本では、たとえばベートーヴェンの第五番をフルトヴェングラーはどう指揮して、カラヤンはどうだったというような具体的な演奏比較はほとんどない。そういうのを期待した人は、少しがっかりするかもしれない。だが私の場合、曲ごとの演奏比較にはあまり感心がないので、二人の音楽への向き合い方、オーケストラとの接し方、生き方といったものへの、著者なりの見解を、面白く読んだ。

そして、こんなにもフルトヴェングラーと異なるカラヤンを後継に選んだ、ベルリン・フィルというオーケストラにも興味を持った。

まず、フルトヴェングラーとカラヤンの略歴を確認しておこう。

ヴィルヘルム・フルトヴェングラーは一八八六年（明治十九）に生まれ、一九二二年にベルリン・フィル首席指揮者（常任指揮者）に就任した。ナチス体制下の三四年に政権の方針に抗議して辞任、以後はフリーランスの指揮者として関わり、戦後の五二年に首席指揮者に復帰したが、五四年に亡くなった。

ヘルベルト・フォン・カラヤンは一九〇八年（明治四十一）に生まれた。フルトヴェングラーの二十二歳下だ。オペラ指揮者として活躍し、三八年に初めてベルリン・フィルを指揮した。しかし戦前・戦中はフルトヴェングラーの意向でベルリン・フィルを指揮する機会はほとんどなく、戦後も排除されていた。ところが、フルトヴェングラー没後の五五年にベルリン・フィルの首席指揮者に内定し、五六年に正式に就任した。

ドイツ敗戦の一九四五年、フルトヴェングラーは五十九歳、カラヤンは三十七歳である。

著者テーリヒェンは一九二一年に生まれ、ベルリン音楽大学に進み、演奏だけでなく作曲と指揮も学んだ。戦争中は兵役に就き、二十四歳で敗戦となり、戦後は連合国の俘虜収容所に入れられていた。二年後に釈放され、ハンブルクの国立フィルハーモニーを経て、ベルリンの国立歌劇場管弦楽団に入り、四七年十月の『トリスタンとイゾルデ』公演で、初めてフルトヴェングラーの指揮で演奏した（本書二五ページには「一九四七年暮れ」とあるが、おそらく記憶違い）。

フルトヴェングラーは戦後、ナチス協力の容疑が晴れるまで演奏活動が禁止されていた。解禁となるのが一九四七年四月で、イタリアで指揮した後、五月二十五日にベルリン・フィルを戦後初めて指揮した。夏にはザルツブルク音楽祭とルツェルン音楽祭に出て、十月に再びベルリンへ来て、国立歌劇場で『トリスタンとイゾルデ』を指揮したのである。

当時のベルリンは米英仏ソが共同で統治し、それぞれの占領区域があったが、往来は自由だった。ベルリンの壁ができるのは一九六一年だ。この時期のフルトヴェングラーは、ソ連占領区域にある国立歌劇場と、米英仏占領区域にあるベルリン・フィルの双方で指揮していた。

一方、戦中にドイツに残っていた指揮者たちはみな、ナチス協力の容疑が晴れるまでは活動できなかったため、ベルリン・フィルは指揮者のオーディションをして、それまで無名だったセルジュ・チェリビダッケ（一九一二〜九六）を選ぶと、たちまち人気が出た。その意味では、フルトヴェングラーなしでも、やっていけた。

テーリヒェンがベルリン・フィルのエキストラ（臨時雇用）となったのは、一九四八年十一月のイギリス・ツアーで、フルトヴェングラーとチェリビダッケの二人が指揮を分け合った。このツアーの後、テーリヒェンはベルリン・フィルに入らないかと誘われ、国立歌劇場から転職したわけだ。

一九四八年は、ベルリンの米英仏占領区域が通貨改革を皮切りにしてひとつにまとまり、ソ連が対抗して「ベルリン封鎖」に出て、ベルリンとドイツの東西分断が決定的になった年である。そして四九年九月にドイツ連邦共和国（西ドイツ）、十月にドイツ民主共和国（東ドイツ）がそれぞれ建国された。テーリヒェンがベルリン・フィルの英国ツアーに参加しなかったら、彼は東ベルリンで生きることになったはずだ。

カラヤンは、前述のように一九三八年四月に初めてベルリン・フィルを指揮したが、フルトヴェングラーが脅威を感じたのか嫉妬したのか、「カラヤンに指揮させるな」と命じたため、敗戦までに六回しか指揮していない。七回目となるのが、一九五三年九月八日だった。

テーリヒェンがこのコンサートに出演していたかどうかは確認できないが、本書では、最初にフルトヴェングラーの下で演奏したときのことは感動的に綴られているが、カラヤンとの「初共演」については何も語られていない。

カラヤンは一年後の一九五四年九月に一回、十一月に二回、指揮した。十一月は二十一日と二十二日で、二十五日から二十九日はチェリビダッケが指揮した。そして三十日にフルトヴェングラーは亡くなった。この一週間がすべてを決めた。カラヤンのリハーサルは合理的に進んだので楽団員に評判がよく、チェリビダッケのリハーサルは楽団員を罵倒したので険悪な雰囲気となった。

そうした感情面も理由のひとつとして、戦後の九年間に四百回以上もベルリン・フィルを指揮したチェリビダッケは、わずか十回しか指揮していないカラヤンに、フルトヴェングラーの後継者の座を奪われる（この経緯は拙著『カラヤンとフルトヴェングラー』〈幻冬舎新書〉に詳しく書いたので、興味のある方はお読みいただきたい）。


テーリヒェンは一九八四年に引退しているので、カラヤンの下では三十年ほど演奏していたことになる。フルトヴェングラーの音楽に触れていたのは七年だ。圧倒的にカラヤン時代のほうが長いのに、彼は前任のフルトヴェングラーが忘れられない。そのことだけでも、フルトヴェングラーがいかに凄い音楽家だったかが分かる――のかもしれない。

しかし、テーリヒェンとフルトヴェングラーは三十五歳の年齢差があり、若きテーリヒェンにとってフルトヴェングラーは巨匠中の巨匠、まさに神のような存在だったはずだ。リハーサルでの指示以外に、彼がフルトヴェングラーと個人的に話したことなどないのではないか。本書での「フルトヴェングラー論」は、神に対する信仰告白と捉えたほうがいいかもしれない。

一方、カラヤンとテーリヒェンは年齢差も十二歳だし、ベルリン・フィルにおいてはテーリヒェンのほうが先輩で、カラヤンは新参の指揮者である。さらにテーリヒェンは楽団の幹事にもなったので、カラヤンと接する機会は多かった。テーリヒェンはカラヤンを「帝王」とは感じたかもしれないが、「神」とは感じていない。

それゆえ、本書の「カラヤン論」は「労使交渉の記録」が多い。


本書の原書が刊行されたのは一九八七年（日本語版はその翌年の八八年十二月に音楽之友社から刊行された）で、冒頭に「カラヤン時代は終りを告げようとしている」とある。その予言は当たり、カラヤンは八九年七月に亡くなった。

帝王カラヤン存命中に「カラヤン時代は終わる」と宣言し、「カラヤン批判」と受け取られる本を出すのは、それなりの勇気が必要だ。

一九八九年は七月にカラヤンが亡くなると十一月にはベルリンの壁が崩壊し、「東欧革命」、冷戦終結へと続いた。日本も昭和が終わり、平成となった。

そしてカラヤン没後の一九九一年、テーリヒェンは『あるベルリン・フィル楽員の警告――心の言葉としての音楽』（平井吉夫・高辻知義訳、音楽之友社、一九九六年）を刊行する。この本では、かなり具体的にカラヤン時代について批判している。

さらに時は流れ二〇〇八年、川口マーン惠美著『証言・フルトヴェングラーかカラヤンか』（新潮社）が出された。本書を前提としたタイトルなのは明白だが、この川口の本は、フルトヴェングラーとカラヤンを知っているベルリン・フィルの関係者にインタビューしたもので、その最初に登場するのがテーリヒェンだ。川口の質問に対し、テーリヒェンは、怒りを込めてカラヤンを批判している。このインタビューの直後にテーリヒェンは亡くなったので「遺言」のようなものだ。

このようにカラヤンの威光がなくなるにつれ、テーリヒェンのカラヤン批判は激しくなっていく。もともと音楽観がカラヤンとは異なったこと、ベルリン・フィルの幹事となりカラヤンと頻繁に会いさまざまな軋轢が生じたことなどが理由だろう。

だがそれ以上に、カラヤンから干されたことが、批判の根底にあったのではないか。

一九七〇年、フルトヴェングラー時代からのベテランのティンパニ奏者、ゲラシモフ・アフゲリノスが引退すると、ベルリン・フィルには、オズワルト・フォーグラー（一九三〇〜二〇二〇）が入団した。するとカラヤンはフォーグラーを重用するようになった。カラヤンとテーリヒェンは一九七九年六月のロンドン公演のリハーサルで衝突した。ティンパニの音量をめぐって論争となったのだ。これ以後、テーリヒェンは、カラヤンのコンサートやレコーディングにほとんど出なくなる。カラヤンには楽団員の解雇権はないが、自分が指揮する演奏会に誰を起用するかを決める権利はあり、それを行使して、カラヤンはテーリヒェンを排除したのだ。

それでいて、本書で分かるように、テーリヒェンはカラヤンの指揮者コンクールなどにも協力しているので、二人の関係も単純ではない。この指揮者コンクールについては、実態があまり知られていないので、その部分だけでも本書は貴重な証言・資料となっている。

そういうわけでこの本は、カラヤンに干された演奏家が、干されたのは自分が劣っていたからではなく、音楽観の違いに過ぎないと印象づけるために書いた――とも言えるのだ。

もちろん、だからといって、本書の面白さ・価値が減るわけではない。

（なかがわ　ゆうすけ／作家・編集者）

『フルトヴェングラーかカラヤンか』 一九八八年十二月 音楽之友社刊

中公文庫

フルトヴェングラーかカラヤンか

2021年11月25日　初版発行

著　者　ヴェルナー・テーリヒェン

訳　者　高《たか》辻《つじ》知《とも》義《よし》

発行者　松田陽三

発行所　中央公論新社
〒100-8152　東京都千代田区大手町1-7-1
電話　販売 03-5299-1730　編集 03-5299-1890
URL http://www.chuko.co.jp/

ＤＴＰ　ハンズ・ミケ
印　刷　三晃印刷
製　本　小泉製本

Published by CHUOKORON-SHINSHA, INC.
Printed in Japan　ISBN978-4-12-207145-2 C1173

各書目の下段の数字はＩＳＢＮコードです。978－4－12が省略してあります。

中公文庫既刊より

あ-44-2
朝比奈隆 ベートーヴェンの交響曲を語る
朝比奈隆
東条碩夫 編
九つの交響曲について、演奏・解釈の核心を第一人者が語り尽くす。詳細な分析と独特の話術によって、不朽の名作の深奥へと誘う、最良の鑑賞の手引き。
206996-1

あ-64-1
ドビュッシー 想念のエクトプラズム
青柳いづみこ
印象主義という仮面の下に覗くデカダンスの黒い影。従来のドビュッシー観を一新し、その悪魔的な素顔に斬り込んだ画期的評伝。〈解説〉池上俊一
205002-0

あ-64-2
ピアニストが見たピアニスト 名演奏家の秘密とは
青柳いづみこ
二十世紀の演奏史を彩る六人の名ピアニストの技と心の秘密を、同じ演奏家としての直観と鋭い洞察で鮮やかに解き明かした「禁断の書」。〈解説〉最相葉月
205269-7

あ-64-3
音楽と文学の対位法
青柳いづみこ
ショパン、シューマンはじめ、六人の大作曲家と同時代の文学との関わりに、モノ書きピアニストの切り口で光を当てた比較芸術論。〈解説〉鴻巣友季子
205317-5

あ-64-4
ピアニストは指先で考える
青柳いづみこ
ピアニストが奏でる多彩な音楽には、どんな秘密が隠されているのか。演奏家、文筆家として活躍する著者が、ピアニストの身体感覚にせまる。〈解説〉池辺晋一郎
205413-4

あ-64-5
六本指のゴルトベルク
青柳いづみこ
小説のなかに取り込まれた数々の名曲。無類の読書家でもあるピアニストが、音楽がもたらす深い意味を読み解く。講談社エッセイ賞受賞作。〈解説〉中条省平
205681-7

あ-64-7
ドビュッシーとの散歩
青柳いづみこ
ドビュッシーの演奏・解釈の第一人者が、偏愛するピアノ作品四〇余曲に寄せたエッセイ集。怪奇趣味、東洋幻想まで、軽やかな文体で綴る。〈解説〉小沼純一
206226-9

あ-64-8
ピアニストたちの祝祭 唯一無二の時間を求めて　青柳いづみこ
日本国内のクラシック・イベントに密着。同業のピアニストのステージを、克明にとらえた音楽祭見聞録。自ら出演した舞台裏も活写する。〈解説〉篠田節子
206420-1

お-63-1
同じ年に生まれて 音楽、文学が僕らをつくった　小澤征爾　大江健三郎
一九三五年に生まれた世界的指揮者とノーベル賞作家。「今のうちにもっと語りあっておきたい――。」この思いが実現し、二〇〇〇年に対談はおこなわれた。
204317-6

こ-54-1
いい音　いい音楽　五味康祐
癌に冒された最晩年の新聞連載コラム「一刀斎オーディオを語る」を軸に、クラシックとオーディオへの情熱が凝縮された究極の音楽エッセイ集。〈解説〉山本一力
205417-2

こ-54-2
西方の音 音楽随想　五味康祐
生涯の友、音楽とオーディオへの飽くなき希求。そして、音楽に触発された自らの人生。剣豪作家が遺した、斬れ味鋭い音楽エッセイ。〈解説〉新保祐司
206235-1

さ-53-1
大作曲家たちの履歴書（上）　三枝成彰
家系、宗教、作曲態度から精神状態、女性関係……大作曲家の姿を忌憚なく描き出すクラシックファン必携のデータブック。バッハからワーグナーまで。
205240-6

さ-53-2
大作曲家たちの履歴書（下）　三枝成彰
女性観、家庭環境、作曲家同士の関係、名曲の歴史的背景など、クラシック音楽が身近になる、大作曲家たちの横顔。ヴェルディからストラヴィンスキーまで。
205241-3

な-27-1
チャイコフスキー・コンクール ピアニストが聴く現代　中村紘子
世界的コンクールの舞台裏を描き、国際化時代のクラシック音楽の現状と未来を鮮やかに洞察する長篇エッセイ。大宅壮一賞受賞作。〈解説〉吉田秀和
201858-7

な-27-2
どこか古典派《クラシック》　中村紘子
世界中の「ピアニストの領分」を出たり入ったり。名ピアニストが言葉で奏でる、自由気ままなエッセイは、やっぱりどこか古典派。〈解説〉小林研一郎
204104-2

各書目の下段の数字はISBNコードです。978-4-12が省略してあります。

な-27-3
コンクールでお会いしましょう　名演に飽きた時代の原点
中村　紘子
今なぜ世界中でクラシック音楽のピアノコンクールがさかんなのか。その百年にわたる光と影を語って、クラシック音楽の感動の原点を探る。〈解説〉苅部　直
204774-7

な-27-4
ピアニストという蛮族がいる
中村　紘子
ホロヴィッツ、ラフマニノフら、巨匠たちの天才ぶりを軽妙に綴り、幸田延、久野久の悲劇的な半生が感動を呼ぶ。文藝春秋読者賞受賞作。〈解説〉向井　敏
205242-0

な-27-5
アルゼンチンまでもぐりたい
中村　紘子
著者ならではの、鋭い文明批評と、地球の裏側まで、穴があったら入りたいほどの失敗談。音楽の周囲に集まるとっておきのエピソード。〈解説〉檀　ふみ
205331-1

も-27-4
拍手のルール　秘伝クラシック鑑賞術
茂木　大輔
演奏会での正しい拍手の仕方とは？　今さら聞けないその疑問にお答えします。もっと音楽を楽しみたい人のための、爆笑感嘆必携ガイド。〈解説〉内田春菊
205532-2

も-27-5
決定版　オーケストラ楽器別人間学
茂木　大輔
あなたの運命は選んだ楽器が決めていた！　楽器と性格の関係を爆笑プロファイリングした演奏者必携の名著を大幅リニューアル。〈巻末マンガ〉二ノ宮知子
206618-2

わ-22-1
聴衆の誕生　ポスト・モダン時代の音楽文化
渡　辺　　裕
クラシック音楽はいつから静かに真面目に聴くものになったのか？　文化的、社会的背景と聴衆の変化から読み解く画期的音楽史。サントリー学芸賞受賞作。
205607-7

く-15-2
ドイツの犬はなぜ幸せか　犬の権利、人の義務
グレーフェ彧子《あやこ》
「犬と子供はドイツ人に育てさせろ」というほど、犬の飼い方に関して飼い主に厳しい義務が課せられている動物愛護先進国からのユニークなレポート。
203700-7

な-29-2
路上のジャズ
中上　健次
一九六〇年代、新宿、ジャズ喫茶。エッセイを中心に詩、短篇小説までを全一冊にしたジャズと青春の日々をめぐる作品集。小野好恵によるインタビュー併録。
206270-2

む-29-1
麦酒《ビール》伝来 森鷗外とドイツビール
村上満
外国人居留地の英国産から留学エリートたちのもたらしたドイツびいき一色に塗り替えられる。長くビールの生産・開発に専従した著者が語る日本ビール受容史。
206479-9

ケ-1-4
ファウスト 悲劇第一部
ゲーテ
手塚富雄 訳
あらゆる知的探究も内心の欲求を満たさないと絶望したファウストは、悪魔メフィストフェレスと魂をかけた契約を結ぶ。〈巻末エッセイ〉河盛好蔵・福田宏年
206741-7

ケ-1-5
ファウスト 悲劇第二部
ゲーテ
手塚富雄 訳
巨匠ゲーテが言葉の深長な象徴力を駆使しつつ自然と人生の深奥に迫った大作を、翻訳史上画期的な名訳で贈る。読売文学賞受賞作。〈巻末エッセイ〉中村光夫
206742-4

シ-12-1
ナチス軍需相の証言（上） シュペーア回想録
シュペーア
品田豊治 訳
一九三三年の政権掌握から対ソ開戦、山荘に集う取り巻きたち。ヒトラーの側近の一人が間近に見たその虚栄と没落。軍事裁判後、獄中で綴った手記。
206888-9

シ-12-2
ナチス軍需相の証言（下） シュペーア回想録
シュペーア
品田豊治 訳
戦況の悪化、側近たちの離反にヒトラーは孤立を深めていく。終戦、そしてニュルンベルク裁判まで。『第三帝国の神殿にて』を改題。〈解説〉田野大輔
206889-6

ニ-2-3
ツァラトゥストラ
ニーチェ
手塚富雄 訳
近代の思想と文学に強烈な衝撃を与え、今日なお予言と謎に満ちたニーチェの主著を格調高い訳文と懇切な訳注で贈る。〈巻末対談〉三島由紀夫・手塚富雄
206593-2

モ-8-1
シャネル 人生を語る
ポール・モラン
山田登世子 訳
孤高の少女時代からモード帝国を築くまでが、自身の肉声により甦る。清新な全訳と綿密な注釈により恋愛遍歴や交友録が明らかに。唯一の回想録を新訳。
204917-8

ロ-5-1
ロブション自伝
J・ロブション
伊藤文 訳
世界一のシェフが偏食の少年時代、怒濤の修業、三つ星を負った苦悩、日本への思い、フリーメイソン、引退・復活の真相を告白。最新インタビュー付。
204999-4

各書目の下段の数字はISBNコードです。978－4－12が省略してあります。

S-21-1
マンガ名作オペラ1
ニーベルングの指環上
序夜 ラインの黄金 第一夜 ワルキューレ
里中満智子
全集の開幕にふさわしい、神話世界を描いた壮大な作品、ニーベルング。世界を滅ぼすとの呪いをかけられた黄金の指環。欲望渦巻く神々の世界を描く前編。
204749-5

S-21-2
マンガ名作オペラ2
ニーベルングの指環下
第二夜 ジークフリート 第三夜 神々の黄昏
里中満智子
ジークムントの忘れ形見ジークフリートとブリュンヒルデの全てを焼き尽くす愛の行方は？ 世界に破滅をもたらすニーベルングの指環は誰の手に渡るのか？
204750-1

S-21-3
マンガ名作オペラ3
椿姫
アイーダ／リゴレット／マクベス
里中満智子
イタリアを代表する、オペラ王ヴェルディ！ パリを舞台とした華麗で繊細な若き男女の甘く切ない愛！ 他に「アイーダ」「リゴレット」「マクベス」を収録。
204779-2

S-21-4
マンガ名作オペラ4
カルメン
トリスタンとイゾルデ／サムソンとデリラ
里中満智子
放たれた真紅の花は妖婦カルメンの狂乱の愛の調べ！ 他に「トリスタンとイゾルデ」「サムソンとデリラ」を収録。究極の愛と死をドラマチックに描き切る三篇。
204793-8

S-21-5
マンガ名作オペラ5
トゥーランドット
蝶々夫人／ラ・ボエーム
里中満智子
プッチーニ描く、異国情緒に満ちた「トゥーランドット」。母国へ去った夫を待ち続ける悲しき歌「蝶々夫人」。ボヘミアンを詩情豊かに描く「ラ・ボエーム」。
204803-4

S-21-6
マンガ名作オペラ6
フィガロの結婚
魔笛／ドン・ジョバンニ／セビリアの理髪師
里中満智子
人生の楽しみと皮肉に満ちたモーツァルトの歌劇の世界へ。表題作他「魔笛」「ドン・ジョバンニ」。フィガロの結婚の前段、ロッシーニ「セビリアの理髪師」。
204820-1

S-21-7
マンガ名作オペラ7
サロメ
ナクソス島のアリアドネ／こうもり／ナブッコ
里中満智子
官能美を追求したR・シュトラウスの表題作。ギリシア悲劇を劇中劇とした「ナクソス島のアリアドネ」。佳作、J・シュトラウス「こうもり」。他に「ナブッコ」
204825-6

S-21-8
マンガ名作オペラ8
トスカ
マノン レスコー／ローエングリン
里中満智子
伊歌劇の粋。プッチーニ作の悲劇「トスカ」。美故に罪多き女を描く「マノンレスコー」。中世ゲルマンの伝説を描く、ワーグナー「ローエングリーン」を収録。
204846-1